Ich bin, was ich fühle

IMPRESSUM

2019 – Manfred Breddermann

1. Auflage

ISBN: 9 783750416888

Herstellung und Verlag:

BoD- Books on Demand, Norderstedt

Ich bin, was ich fühle

Ängste auflösen
sich wohl fühlen

Manfred Breddermann

INHALTSVERZEICHNIS

Prolog   9

I. Die Macht der Gefühle   11

Was bestimmt unsere Gefühle   13

Unsere Gefühle entscheiden   19

II. Angstgefühle   23

Ich bin selbst die Angst   25

Ängste aus der Vergangenheit   27

Unnötige Ängste vermeiden   31

Prüfungsängste   33

Angst vor dem Tod   35

Angst vor dem Sterben   43

III. Belastende Gefühle   45

Schuldgefühle   47

Schlechtes Gewissen   51

Ärger, Hass- und Rachegefühle   53

Einsam oder allein   59

IV. Lebensgefühle   63

Gesundheit   65

Sich gesund fühlen   67

Vertrauen auf unseren Körper   69

Gesund fühlen im Alter   73

Glücksgefühle   75

Sich wohl fühlen   79

Zufriedenheit   81

Gelassenheit   83

Entspannung   85

Sich körperlich wohl fühlen   91

Liebe   95

Liebe in der Partnerschaft   97

Verliebt sein   99

Sexualität   101

Eifersucht   105

Liebe nur ein Begriff?   107

Empathie   111

V. Übungen   115

   Übungsgrundlagen   117

   Standardübungen   123

   Kreislauf aktivieren   163

   Heilströmen   169

   Ins Gleichgewicht kommen   173

Literaturhinweise   177

Prolog

In jedem bewussten Moment meines Lebens fühle und empfinde ich etwas. Gleich was ich denke, tue, habe oder haben will, es ist immer verbunden mit meinem Gefühl. Ich lebe gleichsam in meinen Gefühlen. Also bin ich, was ich fühle?

Oder bin ich, was ich denke? Was ist für unser Leben wichtiger, das Denken oder das Fühlen? Sicherlich unser Denken, wenn wir nicht denken könnten, dann wäre unsere Existenz infrage gestellt. Cogito, ergo sum „Ich denke, also bin ich", mit dieser Aussage hat Descartes bereits vor 500 Jahren das Denken mit unserer Existenz verknüpft. Aber was würde Herr Descartes über unsere Roboter sagen, denen wir in überschaubarer Zeit das „Denken" beibringen werden? Wir sind heute bereits fähig, Roboter zu entwickeln, die über Algorithmen lernfähig sind und in gewissem Umfang schon „denken" können.

Damit werden wir unseren Verstand, unseren Denker nicht ersetzen können. Aber wir sind mehr als unser Verstand und mehr als wir denken können. Wir sind uns noch selbst bewusst, wenn wir unseren Verstand abschalten. Und dieses Bewusstsein können wir dann nicht mehr denken, aber fühlen und wahrnehmen. Somit ist das Fühlen „wesentlicher" als das Denken.

So wichtig das Denken auch ist, wir leben in unseren Gefühlen und das immer. Ob es uns gut geht oder schlecht, hängt allein von unseren Gefühlen ab. Denken ist ein Vorgang, den ich aktiv in Gang setze. Fühlen ist ein Zustand, in dem ich mich immer befinde. Und genau das meine ich, wenn ich behaupte: Ich bin, was ich fühle.

Dem entsprechend wird auch unser Handeln und Tun von unseren Gefühlen mitbestimmt. Das heißt aber nicht, dass wir „nach Gefühl" handeln. Unser Gefühl ist dabei nur die letzte Instanz, die

9

zwischen den verstandesmäßigen Möglichkeiten abwägt und entscheidend. Das schließt nicht aus, dass wir unter bestimmten Voraussetzungen auch rein intuitiv handeln oder uns verhalten.

Ebenso ist auch unsere „Meinung" vom Gefühl abhängig. Das zeigt sich sehr deutlich im politischen Geschehen, wenn nach der Volksmeinung gefragt wird. Für eine Zustimmung oder Ablehnung sind weniger die sachlichen Argumente maßgebend, sondern viel mehr die vorbestimmten Sympathien oder Antipathien für eine Partei und besonders für deren Mandatsträgern.

Unser Wohlbefinden ist eng an unsere Gefühle gekoppelt. Wenn wir unser Wohlbefinden verbessern wollen, müssen wir unsere Gefühle optimieren. Aber so einfach willentlich können wir unsere Gefühle nicht verändern, beeinflussen können wir nur die Ursachen, die unsere Gefühle hervorrufen. Was und warum wir etwas fühlen hängt von vielen unterschiedlichen Faktoren ab und unser Einfluss darauf ist zwar beschränkt, aber möglich.

Wir können unser Glück nicht erzwingen und sollten auch nicht darauf warten. Aber wir können viel dazu beitragen, uns in unserem Leben überwiegend wohl zu fühlen. Dazu müssen wir uns als Erstes von unseren unnötigen Ängsten und Sorgen befrei en, gesellschaftliche Zwänge und Schuldgefühle selbstbewusster beurteilen und möglichst auflösen.

Die Basis für unser Wohlfühlen ist das Wohlfühlen in unserem Körper und eine entsprechende Lebenseinstellung. Dazu gehört unter anderem Bewegung, Entspannung und Gelassenheit. Sich wohl zu fühlen ist für jeden erreichbar, der sich ernsthaft darum bemüht.

I. Die Macht der Gefühle

Was bestimmt unsere Gefühle?

Vordergründig sind es die äußeren Umstände, von denen unser Lebensgefühl abhängig zu sein scheint. Dem entsprechend bemühen wir uns täglich, diese Umstände zu verbessern. Dabei stehen uns häufig unsere Gefühle im Wege. So fällt es mir schwer, mit Angstgefühlen etwas Neues, mir ungewohnten zu beginnen. Wir versuchen die belastenden Gefühle zu bekämpfen, mit Medikamenten und Therapien.

Tatsächlich haben aber unsere Gefühle mit den gegenwärtigen Umständen nicht direkt etwas zu tun. Sie entstehen aus unseren eigenen, „alten" Gefühlen, die wir in der Vergangenheit angesammelt haben. Unser Verstand speichert alle Ereignisse und Situationen, die wir erleben, einschließlich der damit verbundenen Emotionen und Gefühle. Das ist gleichsam unsere Lebenserfahrung, die wir angesammelt haben. Er stellt uns diese Lebenserfahrung unaufgefordert und fortlaufend zur Verfügung.

Dabei beschränkt er sich nicht auf die Wiedergabe von Fakten. Für jede aktuelle Situation kombiniert er aus früheren, vergleichbaren Ereignissen und Emotionen eine Beurteilung, die wir als Gedanken und Gefühle wahrnehmen. Unser Verstand kennt aber weder die Gegenwart und erst recht nicht die Zukunft. Unbewusst leben wir so mit unseren Gefühlen in der Vergangenheit. Und zur Vergangenheit gehören auch die Urängste, die wir über unsere Gene von den Vorfahren geerbt haben.

Der größte Anteil unserer Gefühle entsteht so im Austausch mit unserem Verstand. Einen weiteren, wichtigen Anteil produziert unser Gehirn direkt. Zur Sicherstellung unserer Fortpflanzung, zur Lebenserhaltung und zum Schutz vor Gefahren ist unser Gehirn so eingerichtet, bestimmte Gefühle in uns kurzfristig entstehen zu lassen. Das geschieht zum Beispiel durch Freisetzung von chemischen Substanzen wie Dopamin und Serotonin.

Diese Gefühle erleben wir passiv, dass heißt ohne unser Zutun und ohne unseren Willen. Wir können sie weder verhindern noch verändern, aber wir können uns darauf einstellen. Wenn wir die Grundlagen dieser Gefühle erkennen und richtig bewerten sind wir in der Lage, uns von der Beeinflussung zu befreien.

Aktiv können wir sowohl körperlich als auch geistig „fühlen", wobei dieses Fühlen in Verbindung mit unseren Wahrnehmungen und Empfindungen entsteht. Mit unseren Sinnesorganen nehmen wir uns und unsere Umwelt wahr. Beim geistigen Fühlen versuchen wir, uns mit unseren Vorstellungen in etwas hinein zu „fühlen". Das kann unser Körper sein, ein anderer Mensch oder auch eine bestimmte Situation.

Ein wesentlicher Anteil unserer Gefühle besteht aus Erwartungsgefühlen. Unser Streben und unsere Hoffnung sind weitgehend auf unsere Zukunft ausgerichtet. Dadurch können diese Vorgefühle wesentlich unser Gesamtbefinden beeinflussen und zwar positiv und negativ. Die Vorfreude ist meist intensiver und länger andauernd als die Freude über das Erreichte. Aber ebenso können uns die Sorgen und Ängste um unsere Zukunft lähmen.

Fühlen oder empfinden: In unserem Sprachgebrauch machen wir keinen Unterschied zwischen fühlen und empfinden. Es besteht zwar ein enger Zusammenhang von fühlen und empfinden, aber es sind schon ganz unterschiedliche Vorgänge. Empfinden können wir alles Mögliche, fühlen können wir nur positiv oder negativ, angenehm oder unangenehm in unterschiedlicher Stärke. Vereinfacht kann man sagen, Fühlen ist die Bewertung unserer Empfindungen.

Am einfachsten zu erkennen ist das beim „Fühlen" mit unseren Sinnesorganen. Zum Beispiel empfinden wir etwas heiß oder kalt.

Ob wir dabei an angenehmes oder unangenehmes Gefühl haben, hängt von der jeweiligen Situation ab. Den objektiven Zustand von heiß oder kalt nehmen wir wahr in unserem Bewusstsein. Vielleicht noch deutlicher wird es beim Genuss von Schokolade. Die Schokolade schmeckt objektiv süß, aber mein angenehmes Gefühl verschwindet, wenn ich zu viel davon esse.

Genau genommen können wir mit unseren Sinnesorganen nicht „fühlen", sondern nur wahrnehmen und empfinden. Die entsprechenden Gefühle entstehen erst infolge der Empfindung, wobei das in unserer Wahrnehmung gleichzeitig geschieht. Dass hierbei zwei verschiedene Abläufe stattfinden wird uns nicht bewusst. Und auch diese Gefühle können wir nicht beeinflussen, wir können daher nicht aktiv fühlen.

Das gleiche gilt auch für das geistige „Fühlen". Wenn ich mich in meinen Körper „hinein fühle", konzentriere ich mich auf mögliche Empfindungen. Und wenn ich Schmerzen wahrnehme, entsteht dann ein negatives Gefühl.

Mit allem, was ich wahr nehme oder empfinde, verbindet sich ein Gefühl. Es ist angenehm oder unangenehm, in unterschiedlicher Stärke. Und diese Verbindung bleibt auch in der Erinnerung erhalten. Unser Verstand speichert nicht nur das Ereignis, sondern ebenso auch das dabei entstandene Gefühl. Daher sind unsere Erinnerungen weniger objektiv, da sie immer mit den Gefühlen aus der Vergangenheit verknüpft sind. Und das betrifft auch unser Denken, was nichts anderes ist, als die zielgerichtete Kombination von Wahrnehmungen und Erinnerungen.

Dabei sind bereits unsere Wahrnehmungen nicht objektiv, obwohl wir es so empfinden. Wir sehen zum Beispiel eine wunderschöne rote Rose. In Wirklichkeit existiert die Rose aber nicht in dieser Pracht. Das Bild entsteht erst in unserem Gehirn durch Umwandlung entsprechender Schwingungen. Da draußen, außerhalb unseres Gehirns gibt es weder Farben noch Töne. Da wir aber als Menschen alle die hierfür gleichen Gehirnfunktionen haben, ist uns die erforderliche Umwandlung nicht bewusst und können so, das was wir sehen für real halten.

Weniger real ist jedoch, dass jede unserer Wahrnehmung von zwei Faktoren abhängig ist: von dem Wahrgenommen selbst und von dem, was durch die Wahrnehmung aus dem Speicher des Verstandes in unser Bewusstsein einfließt. Weil dabei nur eine Empfindung entsteht, wird uns diese „Einfärbung" des Gefühls nicht bewusst. Im normalen Tagesablauf wird uns das nicht stören, aber im Zusammenhang mit Angstgefühlen hat dieses „Einfärben" eine ganz wesentliche Bedeutung.

Ich muss zugeben, dass mir die Unterscheidung von empfinden und fühlen schwer fällt, selbst wenn ich empfinden mit wahrnehmen gleich setze. Im normalen Sprachgebrauch hat diese Unterscheidung auch weniger Bedeutung. Allerdings haben die beiden Reaktionen eine ganz unterschiedliche Herkunft. Auch wenn wir annehmen, dass unser Verstand die mehr oder minder passenden Gefühle aus seinem Erinnerungsspeicher uns mit serviert, aber irgendwann müssen sie bei uns ja entstanden sein. So bleibt die Frage, wer oder was steuert die Bewertung der Empfindung und die Intensität der Gefühle? Wie entsteht in mir das Gefühl angenehm oder unangenehm? Dieser sehr komplexe Vorgang ist noch nicht hinreichend erforscht, zumindest nicht auf einer verständlichen Ebene.

In unserem Sprachgebrauch benutzen wir den Begriff „fühlen" in allen möglichen Varianten. Zum Beispiel: „Er hat kein Gefühl dafür, er tat es gefühlvoll, ihm fehlt das Gefühl oder ich habe das gefühlt". Das hat aber mit dem, was ich tatsächlich fühle, wenig zu tun. Was ich fühle geschieht ohne mein Zutun und dieses Gefühl existiert nur in mir.

Gefühle sind aber immer an Bedingungen geknüpft, direkt und indirekt, an das was wir wahrnehmen und denken und auch an unsere Lebenseinstellung und Vorstellungen. Und diese Bedingungen und Ursachen bestimmen wir weitgehend selbst und können sie ändern und verbessern. Nur über diesen Weg ist es uns überhaupt möglich, unsere Gefühle zu beeinflussen.

Unsere Gefühle entscheiden

Im Tagesverlauf treffen wir ständig Entscheidungen, ohne dass es uns bewusst ist, ohne darüber nachzudenken. Wir entscheiden uns bei unserem Tun spontan nach unseren Erfahrungen und Kenntnissen. In einigen Situationen, vor allem wenn es um etwas Neuem geht, wägen wir ab, was zu tun oder zu lassen ist.

Gleich ob Sie nun spontan oder nach Überlegungen entscheiden, Sie richten sich nach Ihrem Verstand. Dabei sind Sie sich sicher, auf rationaler Basis abgewogen und entschieden zu haben. Als gebildeter Mensch legen wir Wert darauf, nach Vernunft und Verstand zu handeln und nicht nach Bauchgefühlen oder irgendwelchen Hirngespinsten.

Aber stimmt das auch? Wie objektiv und rational ist unser Verstand wirklich? Der Verstand ist für uns Menschen das wichtigste Werkzeug. Wir können darauf vertrauen, dass er uns in jeder Lebenslage eine Hilfe ist. Ähnlich einem Supercomputer kann er jedoch nur das zur Verfügung stellen, was er in der Vergangenheit gespeichert hat. Und aus diesen Speicherungen kombiniert er unsere gedankliche Gegenwart. Zu den Fakten vermittelt er gleichzeitig die damit verknüpften Emotionen, Gefühle und Bilder aus der gespeicherten Vergangenheit. Und genau diese Verknüpfungen fließen uns unbewusst in unser Denken und in unsere Entscheidungen ein.

Josef Hirt, Gründer des Instituts für optimale Arbeits- und Lebensgestaltung, sieht den Einfluss unserer Gefühle noch enger. In seinem Leitbuch: *„Das Ich und das Gesetz von Lust und Unlust"* schreibt er auf Seite 75, Zitat: „Die Motive des menschlichen Denkens und Handelns sind immer und in jeder Lebenslage die gleichen: Lust zu erleben und Unlust zu vermeiden. Immer sind es

19

Gefühle, das heißt, ob etwas angenehm oder unangenehm ist, die den Menschen zum Denken und Handeln aktivieren".

Und wofür wir uns entscheiden hängt von der folgenden Gleichung ab: „Positiv aktivierendes Motiv abzüglich negativ aktivierendes Motiv ergibt als Differenzwert die verbleibende Entschlussenergie, die zur Verwirklichung des so gewerteten Wunsches oder Zieles zur Verfügung steht" (Hirt, Seite 80)

Auch die Qualität unserer Handlung ist von unseren Gefühlen abhängig: „Alles was Lust bereitet, wird nicht nur gerne getan und ermüdet weniger, sondern es wird auch bedeutend präziser, schöner, vollkommener und mit mehr Umsicht ausgeführt. Was wir hingegen nur zur Vermeidung von Unlust tun, ermüdet weit mehr und wird nur soweit getan, als es notwendig ist, um die Bestrafung beziehungsweise die Unlust zu vermeiden" (Hirt, Seite 82)

Diese Gefühle von Lust oder Unlust müssen wir nicht erst abrufen, die serviert uns unser Verstand automatisch, uns unbewusst. Haben wir zwischen zwei Möglichkeiten zu entscheiden, die wir eindeutig unterschiedlich empfinden, wird uns die Entscheidung leicht fallen, ohne großes Abwägen.

Wenn wir aber beide Möglichkeiten als gleichwertig empfinden und unsere Entscheidung weit reichende Folgen hat, was machen wir dann? Als „rationaler" Mensch vergleichen wir die möglichen Vor- und Nachteile. Wir machen eine Aufstellung, listen die möglichen Auswirkungen auf und bewerten sie einzeln. Nach dem Ergebnis der Gegenüberstellung können wir dann entscheiden, zahlenmäßig belegt durch entsprechende Pluspunkte. Allerdings sind wir auch mit dem Ergebnis richtig zufrieden, haben wir ein gutes Gefühl dabei? Oder ist uns das andere Ergebnis doch lieber und wir überprüfen noch einmal unsere Bewertungen?

Dieser scheinbar objektive Weg eine Entscheidung zu finden, ist im Grunde auch nur eine Abwägung unserer Gefühle. Noch deutlicher wird dies, wenn wir als Entscheidungshilfe drei Münzen werfen. Dabei ist nicht das Ergebnis der Münzen entscheidend, das ist dem Zufall unterworfen. Es geht um unser Wunschergebnis. Das heißt, ob wir mit dem Ergebnis gefühlsmäßig zufrieden sind und das Spielchen weiter machen bis uns das Ergebnis gefällt. Wir testen unser inneres Gefühl, um herauszufinden, was wir wirklich möchten.

II. Angstgefühle

Ich bin selbst die Angst

Wir nehmen unser Leben über unsere Gefühle wahr und auch unsere Entscheidungen werden von den Gefühlen beeinflusst. Warum haben Gefühle so viel Macht über uns? Dabei haben Gefühle keine eigene Substanz, sie existieren allein in unserer Vorstellung, in unserer Empfindung. Da wir aber unser Denken und Fühlen als unser Selbst identifizieren, sind wir auch selbst das Gefühl.

Nehmen wir als Beispiel unsere Angst. Wenn wir vor etwas Angst haben, existiert diese Angst nur in uns selbst und nicht getrennt von uns. Die Angst hat keine objektive Substanz, sie ist die Reflexion unseres Verstandes, entsprechend seinem gespeicherten Gefahrenkatalog. Wenn wir diesen Zusammenhang wirklich überzeugt akzeptieren könnten, dass heißt unsere Angst nur als Warnsignal unseres Verstandes zu verstehen, würde sich die Angst von selbst auflösen.

Das fällt uns aber sehr schwer. Auch wenn uns das nicht bewusst ist, wir leben nicht in unserer Gegenwart. Mit unseren Gedanken und Gefühlen leben wir mit unserem Verstand in der Vergangenheit. Und mit den Sorgen aus der Vergangenheit betrachten wir auch unsere Zukunft. Wenn wir das ändern wollen, benötigen wir eine andere Einstellung zu unserem Verstand. Das bedeutet keinesfalls, dass wir den Wert unserer Erfahrung abmindern. Im Gegenteil, ohne unsere Erfahrungen wären wir hilflos. Aber wir sollten selbst objektiv unsere Erfahrungen nutzen, und unser Verstand ist nicht objektiv. Wenn wir uns zum Beispiel etwas Neuem zuwenden, fehlt unserem Verstand das Vergleichbare und vermittelt uns seine Unsicherheit, die uns Angst macht.

Ängste aus der Vergangenheit

Bei all unseren Bemühungen, unsere Lebensgestaltung positiv zu verändern, stehen uns unsere inneren Belastungen, Sorgen und Ängste im Wege. Es scheint so, dass sie in unserem Unterbewusstsein fest verankert sind. Je mehr wir dagegen ankämpfen, desto stärker empfinden wir sie.

Die Befreiung von inneren Ängsten und Sorgen können wir nur erreichen, wenn wir uns von unserem Verstand befreien. Alle Versuche, unseren Verstand, unsere Gedanken und Gefühle zu korrigieren, bleiben erfolglos. Positives Denken oder psychologische Therapien ändern nichts an diesem Grundproblem und können sogar die Situation noch verschlimmern.

Wie kann ich mich von meinem Verstand befreien, ohne meine Lebensgewohnheiten aufzugeben und was bedeutet Befreiung? Es bedeutet keinesfalls den Verstand mit Alkohol oder Drogen zu betäuben, das wäre ein Rückfall unter den Verstand. Vielmehr geht es darum, den Verstand zu beherrschen und nicht umgekehrt. Ich muss über meinen Verstand hinausgehen, am Verstand selbst kann ich ohnehin nichts ändern.

Unser Problem besteht darin, dass der Verstand unser Bewusstsein soweit beherrscht, dass wir uns mit ihm identifizieren. Wir glauben, unser Verstand sei unser Selbst. Unaufgefordert serviert er uns zu jeder Situation Analysen und Impulse aus seinem Vergangenheitsspeicher, wobei die Vergangenheit mit dem gerbten Verstandesmuster bis in die Urzeit reicht.

Wir sehen und beurteilen die Gegenwart durch die Augen der Vergangenheit. Dadurch wird nicht nur die Sicht vollkommen verzerrt, sondern lässt uns vergangene Leiden und Emotionen weiter erleben und schafft die Angst vor der Zukunft. Aus dieser unbewussten Verklammerung müssen wir uns lösen, der Verstand ist für uns Menschen das wesentlichste Werkzeug, aber auch nichts mehr.

Dazu müssen wir als erstes erkennen und akzeptieren, dass wir nicht der Verstand sind. Das es ein Bewusstsein gibt, das auch außerhalb des Verstandes existiert. Dieses Bewusstsein ist unser wahres Selbst, wir sind Bewusstsein und haben einen Körper mit Gehirn und Verstand.

Diese Erkenntnis ist für die Befreiung von unserem Verstand wesentlich. Es genügt aber nicht das nur zu glauben, wir müssen davon überzeugt sein. Und das können Sie am besten, wenn Sie es selbst erleben mit der folgenden kleinen Übung: Schließen Sie Ihre Augen und achten konzentriert auf Ihre Gedanken. Nun stellen Sie Ihrem Verstand die Frage: „Welche Farbe hat mein nächster Gedanke?" und achten Sie genau darauf, was dann geschieht. Was denken, sehen oder fühlen Sie jetzt? Es geschieht nichts. Ihr Verstand kann diese Frage nicht beantworten und schweigt. Wenn Ihr Verstand abwesend war, wer war nun der Beobachter dieses „nichts"? Es war Ihre eigene Identität, Ihr Bewusstsein.

Diese Erkenntnis befähigt uns, den Verstand, den Denker zu beobachten. Beobachten heißt, einem Gedanken zuhören ohne ihn zu beurteilen. Und wenn wir einem Gedanken zuhören, sind wir uns des Gedankens bewusst und zugleich auch unser Selbst als Zeuge dieses Gedankens. Da ist der Gedanke und hier bin ich. Wenn uns diese Trennung bewusst wird, entziehen wir dem Verstand die Macht über uns. Unser Selbstgefühl ist nicht mehr von ihm abhängig. Nicht mehr so ernst genommene Gedanken verlieren an Einfluss.

Dieser einfache und wenig aufwendige Weg bietet uns die Möglichkeit, sich von Ängsten und Sorgen zu befreien. Allerdings ist dies kein schnelles Patentrezept, es setzt schon einiges Bemühen voraus. Es fällt uns bereits schwer einen einzelnen Gedanken zu erfassen. Es geht am einfachsten bei einem sehr bedrückenden

Gedanken, damit kann man beginnen. Das nächste ist, wie beobachtet man diesen Gedanken? Da kann es hilfreich sein, den Verstand direkt anzusprechen, wie etwa: „Danke lieber Verstand, dass du mich warnen willst". Und dieses "Danke" ist sogar angebracht. Unser Verstand ist ja nicht böswillig. Er will uns beschützen, nutzt aber dazu überholte Speicherungen aus seinem Sicherheitsmodell.

Natürlich ist dieser Befreiungsweg nur bei dem jeweiligen Gedanken wirksam, unseren Verstand beeindrucken wir damit nicht. Nach einiger Übung dauert der Vorgang aber auch nicht länger als einen Augenblick. Und mit jeder bewussten Befreiung fällt es uns leichter, mit unseren Ängsten und Sorgen entsprechend umzugehen.

Die Differenzierung zwischen Verstand und Bewusstsein ist in den Lehren fernöstlicher Weisheit ein selbstverständlicher Bestandteil. Für uns Verstandesmenschen ist diese Trennung aber nicht geläufig. Zu Recht können wir stolz sein auf die Entwicklung und Leistung unseres Verstandes. Das muss sich auch nicht ändern. Die Änderung besteht darin, dass wir unser Selbstbewusstsein erhöhen, und dass wir mehr sind als unser großartiger Verstand.

Diese Erkenntnis, wird in der Zwischenzeit auch von unseren westlichen Weisheitslehrern vermittelt. Ausführlich und nachvollziehbar werden die Grundlagen dafür von **Eckhart Tolle** in seinem Welt-Bestseller-Buch: *„Jetzt! Die Kraft der Gegenwart"* beschrieben. Meine obige Darstellung entspricht inhaltlich diesem Buch von Eckhart Tolle.

Vielleicht ist Ihnen dieser Befreiungsweg zu kompliziert oder es fällt Ihnen schwer, über eine längere Zeit dabei zu bleiben. Dann empfehle ich Ihnen folgendes: Wenn Sie das nächste Mal Angst verspüren, verdrängen Sie die nicht. Bekennen Sie sich bewusst zu Ihrer Angst: „Ja, ich habe Angst". Dann machen Sie sich klar, dass diese Angst aus einem Vergangenheitsspeicher kommt, der von der Zukunft genau so wenig Ahnung hat wie Sie.

An unserem Verstand können wir nichts ändern und auch Vergangenes nicht löschen, aber es liegt bei uns, mit wie viel Negativem wir den Verstandesspeicher weiter auffüllen.

Unnötige Ängste vermeiden

Es gibt einiges in unserem Leben, was uns Angst und Sorge bereitet und wir nicht verhindern können. Umso mehr sollten wir darauf achten, uns von negativen Einflüssen fernzuhalten. Wir sollten uns immer wieder bewusst machen, dass alles was wir erleben, sehen, hören und empfinden von unserem Verstand gespeichert wird.

Kriege und Terror hat es schon immer gegeben, aber heute haben wir diese erdrückenden Ereignisse über unsere Medien tagtäglich vor Augen. Natürlich wollen wir informiert sein, über das was in der Welt passiert. Aber die detaillierte und ausdauernde Wiedergabe von grausamen Bildern übersteigt den Sinn einer Information. Und das geschieht mehrmals am Tag wiederholt. Die Tagesschau ist zu einer Horrorschau geworden.

Gerade die Bilder wirken bei uns besonders einprägsam. Es ist schon ein Unterschied, ob ich über ein schreckliches Ereignis etwas lese, oder ob ich es am Bildschirm miterlebe. Daher wäre es besser, sich über die Zeitung oder über das Internet zu informieren. Im Internet werden zwar immer mehr auch Bilder eingesetzt, aber die kann man überfliegen und weiter lesen. Bei der Tagesschau kann ich nur die Augen zu machen oder abschalten. Ähnliches gilt auch für die aktuellen, immer blutiger werdenden Krimis.

Sicherlich sind die Journalisten und Filmemacher dafür verantwortlich, was sie uns so vermitteln. Aber sie tun nichts Verbotenes, im Gegenteil, sie fühlen sich verpflichtet, uns möglichst zeit- und hautnah und objektiv die „Wahrheit" in der Welt zu zeigen. Hinzu kommt noch, dass die Einschaltquoten bei schrecklichen Ereignissen am höchsten sind.

Und das ist das eigentlich Schlimme daran, dass wir offensichtlich nicht mehr in der Lage sind, dies als folgenschwere Belastung zu erkennen. Die heutige Welt ist bestimmt nicht gut und nicht ohne Gefahren. Aber in unserem Kopf entwickelt sich das Weltbild eines katastrophalen Zustands, entsprechend dem, was wir an Negativen aufnehmen.

Als Beispiel ein aktuelles schreckliches Ereignis: Auf einem Bahnsteig wurde eine Mutter mit Kind vor einem einfahrenden Zug auf die Gleise geschupst. Pflichtgemäß hat die Tagesschau ausführlich und mehrfach darüber berichtet. Aber es blieb nicht dabei. Von höchster politischer Seite wurde daraufhin gefordert, die Bahnsteige durch Polizei abzusichern. Und auch darüber wurde ausführlich berichtet. Durch die tagelange und intensive Darstellung eines Einzelfalles, wurden alle Bahnhöfe zu gefährlichen Orte.

Der weiter oben schon erwähnte Lebensberater Josef Hirt hat bereits zu seiner Zeit ausdrücklich darauf hingewiesen, wie wesentlich es ist, möglichst viele positive Bilder auf zunehmen. Es würde schon genügen, wenn die positiven Speicherungen häufiger sind als die negativen, dass wir dann überwiegend nur noch positive Gefühle empfinden. Heute verhalten wir uns leider genau umgekehrt und es nicht abzusehen, dass sich das ändert. Jeder kann aber für sich entscheiden, ob er nicht besser auf solche unnötigen Ängste verzichten sollte.

Prüfungs- und Vorstellungsängste

Trotz bester Vorbereitung überfällt uns bei Prüfungen und Vorstellungsgesprächen die Angst zu versagen. Die kann uns soweit blockieren, dass wir unser Können und Wissen nicht mehr richtig abrufen können. Auch diese Angst lässt sich nicht einfach verdrängen. Je mehr Sie dagegen ankämpfen, desto unsicherer werden Sie.

Versuchen Sie als erstes, Ihr Selbstbewusstsein zu stärken. Machen Sie sich noch einmal klar, dass Sie bestens vorbereitet sind und dass, was jetzt auf Sie zukommt, ein ganz normaler Vorgang ist. Auch Ihr Gegenüber ist auch nur ein normaler Mensch und nicht unbedingt Ihr Gegner. Vielleicht hilft es, sich ihn im Nachthemd vorzustellen.

Aber die Angst bleibt dann immer noch. Und die können Sie nur auflösen oder verringern, wenn Sie Ihre Angst nicht verdrängen, sondern bewusst annehmen. Wie weiter oben bereits erwähnt: Bekennen Sie sich zu dieser Angst, ja, ich habe Angst. Aber diese Angst stammt aus dem Vergangenheitsspeicher meines Verstandes, und der weiß ebenso wenig wie ich, was auf mich zukommt.

Damit wird Ihre Angst nicht ganz verschwinden, aber sie wird Sie nicht mehr blockieren. Dafür wäre es nützlich, sich allgemein mit dem Problem der Angst aus einander zu setzen. Es hilft Ihnen mehr, wenn Sie von den Zusammenhängen von Verstand und Angst überzeugt sind.

Was ich nicht empfehlen kann, ist der Versuch über positives Denken den gewünschten Erfolg zu erreichen. Vor einigen Jahren hat Joseph Murphy damit die Welt begeistert. Nach seiner Lehre können wir alles erreichen, wenn wir positiv denken und uns bildhaft vorstellen, das bereits bekommen zu haben, was wir wollen.

Aber der Erfolg blieb aus, häufig wurde sogar das Gegenteil erreicht.

Murphys „Macht des Unterbewusstseins" existiert zwar, aber wir können sie nicht so einfach manipulieren. Unsere Bedenken und Ängste kommen aus unserem Verstand und die lassen sich mit positiven Vorstellungen und intensivem Glauben nicht auflösen, zumindest nicht kurzfristig. Etwas ganz anderes ist eine positive Lebenseinstellung. Dabei müssen wir uns nichts vormachen, sondern uns nur bemühen, in allen Situationen auch das Positive zu beachten und damit unseren Verstandesspeicher anzureichern.

Angst vor dem Tod

Unsere Ängste entstehen aus den Befürchtungen, dass etwas passieren könnte. Die meisten befürchteten Ereignisse treten aber nicht ein, zumindest nicht in dem befürchteten Umfang. Obwohl uns das bewusst ist, können wir unsere Ängste kaum beherrschen.

Seltsamerweise scheint uns das mit der Angst vor dem Tod zu gelingen, bei einem Ereignis, von dem wir wissen, dass es mit Sicherheit eintrifft. Allerdings wird diese Angst nur aus unserem Bewusstsein verdrängt. Wir möchten gar nicht daran denken und erst recht nicht darüber reden. Wir versuchen den Tod hinaus zu schieben und ihn so weit wie möglich von uns fern zu halten. Aber unbewusst bleibt diese Angst weiterhin aktiv und belastet unser Leben. Unsere Weisheitslehrer sind sogar der Auffassung, dass alle Lebensängste aus der Angst vor dem Tod entstehen. Wer Angst vor dem Tod hat, der hat auch Angst vor dem Leben.

Sicherlich ist die Todesangst auch ein natürlicher und notwendiger Schutz des Lebens und sie ist tief verwurzelt in unserm Bewusstsein. Die Bewältigung dieser Angst ist daher besonders problematisch. Alle Religionen basieren auf dieser Angst. Sie verklären den Tod mit dem Glauben an Wiedergeburt oder Auferstehung und stellen Himmel oder Hölle in Aussicht. Glauben kann trösten, aber auch missbraucht werden.

Dabei ist die entscheidende Frage, ist der Tod das Ende, oder existieren wir in irgendeiner Form noch weiter? Gibt es überhaupt etwas Beständiges, Fortdauerndes jenseits unseres Denkens? Kein Mensch kann das wissen und beantworten. Selbst Buddha ist dieser Frage ausgewichen und auch Jesus hat in seinen Predigten dazu keine konkreten Aussagen gemacht. Wir müssen uns damit abfinden, aber trotzdem bleiben wir auf der Suche, um wenigstens eine Vorstellung davon zu haben.

In den fernöstlichen und altägyptischen Kulturen gibt es ausführliche Beschreibungen über den Tod und seine Folgen. Am bekanntesten ist das Ägyptische und das Tibetische Totenbuch. Für die westliche, rationale Welt sind diese Schriften nur mystische Aussagen, die nicht in unsere Vorstellungen passen. Allerdings sind durch die Erkenntnisse der Quantenphysik die Unterschiede zwischen Mythos und Wissenschaft wesentlich geringer geworden.

Wir wissen jetzt etwas über den engen Zusammenhang zwischen Materie und Geist, dass Materie, wie auch unser Körper, aus energetischen Schwingungen besteht und selbst das Nichts energetischen Inhalt hat. Aber ob da in diesem Nichts unsere Seele „überlebt", das bleibt weiterhin nur eine Spekulation. Aussagekräftiger sind da eher die Nahtodbeschreibungen. Die beweisen, dass zumindest für einen gewissen Zeitraum nach dem Stillstand unserer Körperfunktionen etwas weiter existiert, was sein Umfeld wahrnehmen kann.

Über die Erfahrungen von Menschen, die bereits klinisch tot waren, haben vor allem **Kübler-Ross** und **Moody** bemerkenswerte Berichte vorgelegt. Bedeutungsvoll ist die große Übereinstimmung der Erfahrungen und die Unabhängigkeit von der Religion. Gemeinsam in diesen Erfahrungen ist das eindrucksvolle Lichterlebnis mit Gefühlen von Frieden und Ruhe. Besonders wesentlich ist für mich, dass nach dem klinischen, „physischen Tod" das Ich-Bewusstsein erhalten blieb mit allen Charakteristiken eines Individuums, das heißt mit Sehen, Hören und Fühlen.

Kann man aus diesen Erfahrungen schließen, dass es ein Leben nach dem Tod gibt? Zumindest können wir es uns in etwa vorstellen, aber es bleibt eine nicht nachweisbare Hypothese. Dafür sind die Nahtoderlebnisse noch zu eng mit dem „körperlichen" Leben verknüpft, der Weg zurück ins Leben war ja in jedem Fall möglich. Es sollte uns aber ein Trost sein, dass das Todeserlebnis selbst nicht grausam wahrgenommen wird.

Auch wenn niemand wissen kann, wie lange mein Ich-Bewusstsein nach dem Tod noch weiter existiert, bestätigen diese Erlebnisse, dass ich ein Bewusstsein habe, das unabhängig von meinem Körper (Gehirn, Verstand) vorhanden ist. Diese Erkenntnis hat nicht nur eine Bedeutung für meine Angstbewältigung, sondern schließt die Möglichkeit nicht mehr aus, nach dem Tod in irgendeiner Form noch weiter zu "leben".

Und wenn dieses Bewusstsein, wie berichtet wird, auch noch Wahrnehmungen, wie Hören, Sehen und Fühlen ermöglicht, entspricht das unseren Vorstellungen von einer „Seele". Es würde die Hypothese bestätigen vom Bestehen eines biologischen Träger-Körpers und einer Einheit mit Energie-Bewusstsein, in der Literatur mit „EB-Monade" benannt.

Aber als Beweis für diese Hypothese reichen die Nahtoderlebnisse nicht aus. Mit dem klinischen Tod sind ja unsere Organe noch nicht „abgestorben", auch wenn ihre Funktionen nicht mehr messbar sind, sonst wäre eine Reanimation kaum möglich. Aber immerhin wissen wir jetzt, was unmittelbar nach dem Tod auf uns zukommt, wie es dann weitergeht bleibt uns aber verschlossen.

Inkarnation: Aus der östlichen Mythologie zeigen wir Interesse für die Möglichkeit der Inkarnation. Hier haben wir das bemerkenswerte Phänomen der Rückführung in ein früheres Leben. Bei der Rückführung werden tatsächlich frühere Lebensabschnitte ausführlich beschrieben, einschließlich der dabei empfundenen Gefühle. Die dabei geschilderten Situationen entsprechen dem abgefragten Zeitraum. Wer sich mit Hypnose auskennt, kann das selbst nachprüfen.

Die Frage ist allerdings, ob es wirklich unser eigenes zurückliegendes Leben oder eine Fata Morgana unseres Gehirns ist. Bei Nachprüfungen über die „erlebten" Orte, gab es sowohl zutreffende als auch negative Ergebnisse. Möglich wäre auch eine Rückbesinnung auf das Leben unserer Vorfahren über unser Erbgut. Dagegen spricht jedoch, dass wir uns bei der Rückführung als uns selbst erleben. Es sei denn, wir haben auch unser Selbstbewusstsein von unseren Vorfahren vererbt bekommen.

Das Phänomen der Rückführung ist sicherlich noch kein Beweis für eine Reinkarnation, aber es schließt nicht aus, dass auf der geistigen Ebene wesentlich mehr Zusammenhänge bestehen, die uns nur nicht bekannt sind Selbst wenn es die Inkarnation tatsächlich gibt, wir würden dann ohnehin als neuer Mensch geboren mit neuen Lebensaufgaben. Wer sich etwas mehr mit der Inkarnation befassen möchte, dem empfehle ich das Buch von *Taylor Moone: „Der Seelen Code".* Neben der sehr interessanten Darstellung der Inkarnation, bietet uns *Moone* darin auch sehr brauchbare Anleitungen, unser Leben optimaler zu gestalten.

Was könnte uns beim Tod trösten? Wenn *Buddha* sagt, das Leben erlischt wie eine Kerzenflamme, so wird das kaum jemandem helfen können. Beruhigender und für unseren Verstand fassbarer sind da eher die Aussagen von *Sokrates.* Bevor er den Giftbecher trank, munterte er seine Schüler sinngemäß auf: „Ich verstehe nicht, warum die Menschen Angst vor dem Tod haben. Wenn es stimmt, was die Atheisten behaupten, nämlich dass man endgültig stirbt und nichts übrig bleibt, dann steht nichts zu befürchten, dann braucht man doch keine Angst zu haben. Oder vielleicht haben die Theisten recht und es wird mich noch geben, weshalb Angst haben?"

Diese Einstellung kann dazu beitragen, den eigenen Tod etwas gelassener entgegen zu sehen, aber kann sie auch die Angehörigen, die Hinterbliebenen trösten? Sicherlich ist es so schmerzhaft, wenn einem das Liebste, was man hat, vom Tod entrissen wird. Aber in den meisten Fällen ist es doch so, dass der Tod für den Sterbenden eine Erlösung ist, von seinen Leiden oder von seiner Altersschwäche. Zumindest in diesen Fällen sollte das eigene Verlustgefühl weniger schmerzhaft sein, durch die Einsicht, dass hier der Tod für den Sterbenden eine sinnvolle Lösung war. Natürlich kommt jeder Tod immer plötzlich, auch wenn man ihn schon länger erwarten musste.

Viel grausamer ist der Unfalltod und auch der Tod von jüngeren Menschen. Solche Todesfälle empfinden wir besonders schmerzvoll und können auch beim besten Willen keinen Sinn darin sehen. Der letzte Rest eines Glaubens an eine liebevolle, höhere Macht geht dabei verloren.

Sicherlich lassen sich Hypothesen aufstellen, wonach jeder Tod einen Sinn hat. Zum Beispiel hat dies **Thornton Wilder** in seinem Buch: *„Die Brücke von San Luis Rey „* versucht. Alle mit der Brücke tödlich Abgestürzten hatten einen entscheidenden Punkt in ihrem Leben erreicht, sei es, dass sie sich wieder versöhnt hatten, oder sonst wie mit ihrem Leben „ins Reine" gekommen waren. Aber auch das ist nur ein schwacher Trost für den Betroffenen.

Wenn ich an meine Berührungen mit dem Tod zurück denke, empfinde ich zunächst Dankbarkeit. Dankbarkeit dafür, dass es mir vergönnt war, jeweils ein wenig Sterbehilfe zu leisten. Es waren zwar nur Kleinigkeiten, aber sie hatten in dem entscheidenden Moment einen besonderen Wert.

Als bei meinem Stiefsohn mit 49 Jahren ein nicht mehr zu operierender Lungenkrebs festgestellt wurde, dauerte es eine Weile, bis wir uns damit abfinden konnten. An seinem letzten Tag waren wir noch einige Stunden mit ihm zusammen in der Klinik. Bei unserem Abschied hatte er nur noch einen Wunsch, noch einmal eine Zigarette zu rauchen, was ihm in der Klinik strengstens verboten war. Ich besorgte ihm die Zigarette und transportierte ihn in eine abgelegene Flurecke, wo er in aller Ruhe seine Zigarette genießen konnte. Es war seine letzte Zigarette, in der folgenden Nacht schlief er friedlich ein. Bei aller Trauer kam die Nachricht von seinem Tod für uns nicht mehr überraschend, es war alles getan. Ich empfand sogar etwas Freude, dass ich ihm seinen letzten Wunsch erfüllen konnte.

Ähnliches empfand ich, als ich meine Schwiegermutter unmittelbar vor ihrem Tod, etwas von ihrer Sorge befreien konnte, nicht alles in ihrem Leben richtig gemacht zu haben. Obwohl sie ein Vorbild an Hilfsbereitschaft war und im festen kirchlichen Glauben lebte, hatte sie Angst von Gott zur Rechenschaft gezogen zu werden und konnte deshalb nicht sterben. In Ihrer Todesstunde träumte ich, von ihr zum Dank eine silberne Rose geschenkt zu bekommen.

Auch bei meinem damaligen Chef hatte ich das Privileg, ihm bei seinem Einschlafen helfen zu dürfen. Am Ende einer schweren Erkrankung bat er mich an einem Abend, gegen seine innere Unruhe seine Füße zu massieren. Er schlief anschließend entspannt ein und wachte nicht mehr auf.

In allen drei genannten Fällen kam der Tod nicht überraschend, für die jeweilige Situation war er sogar sinnvoll. Viel schlimmer ist der Unfalltod. Aber auch hier erinnere ich mich an einen Fall, bei dem mich der Tod ganz anders berührte, als ich es erwarten konnte. Mittags an einem Sommertag hörte ich von einem Unfall auf meiner Baustelle. Ein Bagger war beim Ausschachten verrutscht und hatte dabei einen Mitarbeiter tödlich eingequetscht. Als ich zur Unfallstelle kam, stand zwar ein Unfallwagen da, aber niemand war zu sehen. Wie ich später erfuhr, waren alle im etwas entfernten Baubüro, um zu telefonieren. Nur der tote Mitarbeiter war noch da, er lag im Schatten auf einer flachen Böschung. Bei diesem Anblick empfand ich plötzlich eine unendliche Stille, für diesen Moment schien die Zeit still zu stehen. Der tote Mitarbeiter sah so friedlich aus, dass bei mir selbst ein Gefühl des Friedens entstand. Die an sich katastrophale Situation bewirkte bei mir ein feierliches Empfinden, das mich tief beeindruckte.

Meine Todesfälle können kein Maßstab für den Umgang mit dem Tod sein. Jedes Schicksal mit dem Tod verläuft anders. Vielleicht können sie aber anregen, noch irgendetwas Hilfreiches für den Sterbenden zu tun, seien es auch nur Kleinigkeiten. Es kann Ihre Trauer um ein großes Stück erleichtern. Bei aller Trauer sollte aber die eigene Welt nicht ganz zusammenbrechen. Sie haben vielleicht das Wichtigste in Ihrem Leben verloren, aber nicht Ihr eigenes Leben. Und für dieses weitere Leben tragen Sie eine Verantwortung, nicht zuletzt auch gegenüber dem Verstorbenen.

Angst vor dem Sterben

„Mit meinem Tod kann ich mich abfinden, auch wenn es mir schwer fällt, aber ich habe große Angst vor dem Sterben, vor einem qualvollen Sterben". Diese Sorge höre ich oft und diese Sorge ist auch berechtigt. Es geht dabei nicht nur um die befürchteten Schmerzen, sondern auch um die hilfslose Auslieferung an unnötige Behandlungen.

Unser Gesundheitssystem fördert die Anwendung von lebenserhaltenden Maßnahmen durch die Übernahme der Kosten. Dies kann man zunächst positiv sehen, aber diese Anwendungen haben sich zu einem „Geschäft mit dem Lebensende" entwickelt. In welchem Umfang dies abläuft und wie rücksichtslos der sterbenskranke Patient häufig ausgenutzt wird, hat der Palliativarzt *Matthias Thöns* in seinem Buch: *"Patient ohne Verfügung"* offen gelegt. Er zeigt an vielen Beispielen, wie sinnlos und eher schädigend viele solcher Anwendungen sind und dass das Erreichen von großen Gewinnen leider wichtiger geworden ist, als das Wohl des Patienten.

Matthias Thöns mahnt uns daher dringend, über eine Patientenverfügung solche unsinnigen und quälenden Maßnahmen auszuschließen. Gleichzeitig macht er uns aber auch Mut, weniger Angst vor dem Sterben zu haben. Ohne apparative Behinderung würden acht von zehn Betroffenen würdevoll und human sterben und auf natürlichem Wege dabei schmerzfrei sein. Gegen Lebensende wird Essen und Trinken verweigert, das sollte man akzeptieren und nicht, wenn auch gut gemeint, den Sterbenden dazu zwingen, oder ihn künstlich ernähren. Unser Körper ist so eingerichtet, dass er beim Versagen eines Organs unsere Schmerz- und Angstempfindung abschaltet. Bei den übrigen Zwei von Zehn, könnte mit einfachen Hilfsmitteln ebenso eine Schmerzfreiheit erreicht werden.

43

III. Belastende Gefühle

Schuldgefühle

Von Kind an werden wie erzogen, ein brauchbares Mitglied unserer Gesellschaft und Kultur zu sein. Die natürliche Freiheit in unserer Entwicklung wird eingegrenzt durch Gebote und Verbote. Bei Nichteinhaltung drohen Strafen und Schuldgefühle. Eine kindliche Erziehung steht außer Frage, aber was für das individuelle Kind richtig oder falsch ist, lässt sich nicht verallgemeinern. Die Unterteilung in autoritär und nicht autoritär ist auch nur eine wenig nützliche Verallgemeinerung.

Die „Erziehung" der Kinder ist eine der schwierigsten und wichtigsten Lebensaufgaben der Eltern. Innerhalb nur weniger Jahre, muss dem Kind die ganze Zivilisation beigebracht werden, für deren Erschaffung die Menschheit Jahrtausende gebraucht hat. Und das geht nicht ohne Gebote und Verbote. Aber richtig lernen, kann das Kind nur durch eigene Erfahrungen. Für das „Du sollst" und „Du darfst nicht" hat das Kind wenig Verständnis, auch wenn es entsprechend gehorcht.

Die meisten Eltern sind heute mit der Aufgabe der Erziehung überfordert. Sie haben keine Zeit, sind zu ungeduldig und werden schnell ungehalten. Das Erziehen ist mehr ein Dressieren. Dadurch fehlt den Kindern nicht nur das Wohlfühlen in der Familie, mit Wärme und Vertrauen, sondern auch jegliches Verständnis für die Welt der Erwachsenen. Aus dem Konflikt zwischen mögen und dürfen entstehen Unsicherheit und Schuldgefühle.

Und dieser Konflikt geht in der Welt der Erwachsenden weiter. Wenn ich bewusst etwas Schlimmes angestellt habe, fühle ich mich zu Recht schuldig. In allen anderen Fällen sind Schuldgefühle immer nur aufgedrängte Fehleinschätzungen. In unserer Leistungsgesellschaft fühle ich mich schuldig, wenn ich nicht erfolgreich bin. In der Werbung wird mir eingetrichtert, dass ich unbedingt abnehmen muss. Und wenn ich krank werde, mache ich mir Vorwürfe, mich falsch ernährt zu haben.

Im Umgang mit meinen Mitmenschen fühle ich mich schuldig, durch meine offene Meinung die Freundschaft zerstört zu haben. Ich habe Hemmungen auch mal „nein" zu sagen, um nicht als Außenseiter zu gelten. Diese Beispiele sind Anzeichen für eine fehlende menschliche Reife, auch wenn die schulische Reifeprüfung mit Auszeichnung abgeschlossen wurde.

Das religiöse Schuldgefühl: Die Macht der Religionen basiert auf Schuldgefühle, auf Strafe und Belohnung. Wir diskutieren heute in erster Linie über den Missbrauch von Religionen für Kriege und Terrorismus. Ebenso erschüttern uns die sexuellen Übergriffe in den Kirchen. Nur einzelne „Atheisten" wagen es, einige Ursachen dafür in den Religionen selbst zu suchen

In unserer fortschrittlichen, westlichen Welt hat die Religion wesentlich an Bedeutung verloren. Man könnte meinen, „sie steht nur noch auf dem Papier", gehandelt wird nach anderen Maßstäben. Aber der religiöse Einfluss in unseren Gedanken und Empfindungen ist noch tief verankert, auch vorwiegend durch unsere Christliche Erziehung. Das ist weiterhin die wesentliche Grundlage für ein friedliches Zusammenleben. Aber die kirchlichen Dogmen sind aus einer anderen Welt, sie belasten uns unnötig und unbegründet mit Schuldgefühlen.

Wenn wir beten: „Und vergib uns unsere Schuld", Welche Schuld soll uns da vergeben werden? Nun mögen Einige daran denken, nicht immer richtig gehandelt zu haben. Aber der Kirche geht es um die Erbsünde, wir sind schon seit unserer Geburt Sünder und entsprechend auch schuldig. Vielleicht werden Sie jetzt sagen, dass glaubt doch Niemand mehr. So ist es aber nicht.

Vor nicht langer Zeit ging ich mit meiner Familie zum Ostergottesdienst in den Dom von Braunschweig. In freudiger Osterstimmung erwarteten wir eine aufmunternde Predigt. Dann kam das für mich Unerwartete: Der Domprediger verteufelte regelrecht unsere freudige Erwartung. Wie wir uns überhaupt freuen könnten bei unserem so sündigen Leben, wir hätten zu büßen, statt uns zu freuen. Für die Gemeinde war es ein sehr trauriges Erlebnis. Nun mögen Einige eher wütend als geschockt nach Hause gegangen sein, aber in den ernsten Gesichtern konnte man bei Vielen auch tiefe Betroffenheit erkennen.

Ich möchte diese Art von Predigt nicht verallgemeinern, aber die Geißel der Erbsünde besteht offensichtlich noch weiter. Den Begriff Sünde haben wir in unseren Sprachgebrauch übernommen. Wir sündigen, oder auch versündigen uns auf vielfache Art. Wir sündigen gegen unsere Gesundheit, gegen die Gemeinschaft, oder eben auch gegen Gott.

Was im Sprachgebrauch üblich ist, bleibt wesentlich an der Oberfläche, kann aber auch Spuren von Schuldgefühlen hinterlassen. Schwerwiegender ist es, wenn uns der Begriff Sünde in der Erziehung, in der Schule oder von der Kanzel eingeflößt wird. Die Lehre der Kirchen von Sünde und Buße bewirkt nicht nur Schuldgefühle, sie vernebelt auch den Unterschied von Gut und Böse in dieser Welt. Sie macht uns unmündig, unsere Gesellschaft zu verändern und zu verbessern.

Schlechtes Gewissen

Gewissen ist eine beurteilende Instanz, die uns psychisch „mit wissen" lässt, was in unserem Tun gut oder böse ist. In der mittelalterlichen Theologie war diese Instanz göttlichen Ursprungs. Nach der Reformation gilt sie als eine im Menschen selbst angelegte Instanz, geprägt von äußeren, vorgegebenen Werten. Das heißt, unser Gewissen richtet sich nicht nur nach unseren eigenen sittlichen Einstellungen, sondern es ist auch von den gesellschaftlichen Normen abhängig.

Wenn wir von dieser Norm abweichen, regt sich unser Gewissen. Und gerade über diese Empfindlichkeit werden wir „gewissenlos" manipuliert, in der Erziehung, in der Religion, im Geschäftsleben und auch in der Partnerschaft. Sollte man also kein schlechtes Gewissen haben, wenn man die Spielregeln der Gesellschaft nicht einhält? Sollte man sicherlich nicht, aber das schlechte Gewissen ist ein Gefühl und Gefühle können wir nicht einfach abschalten. Um das zu erreichen, müssen wir unterscheiden, zwischen dem was üblich ist und dem was unserer eigenen, inneren Überzeugung entspricht.

Die eigentliche Bedeutung von Gewissen ist das Wissen, was ich tun oder lassen sollte. Und da alles was wir wissen aus dem Speicher unseres Verstandes entstammt, ist er auch die Instanz, die uns ein gutes oder schlechtes Gewissen bereitet. Das heißt, mein eigener Verstand bestraft oder lobt mich. Im Zusammenhang mit der Angst, habe ich dem Verstand die Objektivität abgesprochen und ihn verantwortlich für unsere unnötigen Ängste gemacht. Lässt sich das schlechte Gewissen ebenso wie die Angst auflösen?

Wenn Gewissen nur ein Wissen von etwas wäre, müsste das möglich sein. So ist es aber nicht. Es geht um ein Gefühl, das außerhalb des Verstandes in unserem Bewusstsein existiert. Wie und wo dieses Gefühl entsteht bleibt eine Frage. Interessanterweise gab es im alten Testament den Begriff „Gewissen" noch nicht, dafür gab es jedoch „die Sprache des Herzens". Das würde der Hypothese entsprechen, dass unser Herz mehr ist als ein ununterbrochen arbeitendes Organ. Dass es möglicherweise eine in unser Leben integrierte höhere Instanz ist, gottgewollt oder in der Evolution entstanden.

Wie kann ich mit meinem „schlechten Gewissen" umgehen? Wie bereits gesagt, sollte ich mich von den üblichen Manipulationen befreien. Und wenn ich gegen meine innere Überzeugung gehandelt habe, kann ich daran nichts mehr ändern und sollte das als Fehler akzeptieren. Es sei denn, ich kann das wieder gut machen und ausgleichen.

Ich sehe in unserem Gewissen eine ureigene Instanz, die uns ermöglicht, falsche Entscheidungen zu vermeiden, beziehungsweise uns falsche Entscheidungen bewusst zu machen. Und solches Bewusstsein empfinden wir als schlechtes Gewissen. Aber dieses Empfinden ist nur in unserem Bewusstsein, bei sonst niemanden und nichts. Es liegt allein bei uns selbst, ob wir uns mit einem schlechten Gewissen bestrafen wollen, oder es als Beurteilung annehmen.

Ärger, Wut, Hass- und Rachegefühle

Ärger: Ärger ist ein Grundgefühl, eine besondere Art der negativen Beurteilung von Situationen. Das Besondere ist dabei, dass es nicht bei der negativen Beurteilung bleibt, sondern ungewollt unser gesamtes Bewusstsein erfasst, zumindest für eine gewisse Zeit. Meist verflüchtigt sich das Ärgergefühl nach kurzer Zeit, es kann uns aber auch über eine lange Zeit belasten und frustrieren und in Wut umschlagen.

Wir ärgern uns ständig, ohne dass wir es wollen. Neben der Angst ist der Ärger der größte Räuber unserer Lebensfreude. Obwohl wir davon überzeugt sind, dass Ärger sinnlos ist und uns nur schädigen kann, schaffen wir es nicht Ärger zu vermeiden. Es scheint eine Plage des Menschen zu sein, uns angeboren, sehr wahrscheinlich müssen sich Tiere nicht ärgern.

Auch einen tieferen Sinn für Ärger können wir nicht erkennen. Möglicherweise kann Ärger zusammen mit der Angst in Urzeiten dazu beigetragen haben, dass sich unsere Vorfahren bei Gefahren schneller entscheiden konnten zu kämpfen oder zu fliehen. So wie die Angst sorgt auch der Ärger für eine massive Ausschüttung von Stresshormonen wie Adrenalin, mit der Erhöhung von Blutdruck und Puls. Aber selbst wenn es so wäre, hätte das für uns heute keine Notwendigkeit.

Etwas realistischer kann man einen gewissen Sinn darin sehen, durch Ärger motiviert zu werden, beim nächsten Mal etwas besser zu machen, oder etwas zu verändern. Aber das betrifft ja nur den Ärger über mich selbst, wenn mir etwas danebengegangen ist. Nur den Ärger, den ich selbst verursacht habe, kann ich in irgendeiner Form wieder ausgleichen. Vorausgesetzt, ich suche nicht nach einem Schuldigen, der mir das eingebrockt hat.

Etwas schwieriger wird es, wenn ich mich über einen Anderen ärgere. Dieser Ärger ist so unsinnig, belastet uns aber immer wieder, wir können uns kaum dagegen wehren. Was ein Anderer nicht richtig macht, können wir selbst nicht verbessern. Aus dieser Ohnmacht neigen wir dazu, den Anderen zu bestrafen oder ihm zumindest einen „Denkzettel" zu verpassen. Und das kann die Angelegenheit nur noch schlimmer machen oder sogar gefährlich werden.

Das gilt zum Beispiel für unseren häufigen Ärger im Straßenverkehr. Da bedrängt mich jemand mit Lichthupe und fährt sehr dicht auf. Das will ich mir nicht gefallen lassen und bremse ihn aus. Und wenn der nicht sofort eine Notbremsung macht, gibt es einen großen Knall. So kann ich aus einem relativ kleinen Ärgernis eine Katastrophe verschulden. Ebenso gefährlich kann es werden, wenn ich mein Vorfahrtsrecht durchsetzen möchte. Im Straßenverkehr gibt es täglich Situationen bei denen ich meinen Ärger beherrschen muss und ich muss zugeben, dass mir das manchmal schwer fällt.

Nüchtern betrachtet ist „sich ärgern" nicht nur sinnlos, sondern ein selbst schädigendes Verhalten. Mein Ärger verursacht einzig und allein nur bei mir selbst das Unbehagen. Den Anderen berührt mein Ärger nicht, vielleicht freut er sich sogar darüber. Aber sind wir überhaupt in der Lage, uns nicht zu ärgern, kann man lernen, Ärger zu vermeiden? Nicht zufällig heißt das bekannteste Familienspiel: „Mensch ärgere dich nicht". Das war sicherlich als Lernspiel gedacht, aber mein Enkel wird immer noch schnell wütend, wenn er verliert.

Selbst wenn man sich eingehend mit dem Ärgerproblem auseinander gesetzt hat, bleibt man von Ärger nicht verschont. Auch nicht bei harmlosen Anlässen, wie ich vor ein paar Tagen bei mir selbst feststellen musste: Während meines abendlichen Rundgangs begegnen mir zwei Personen. Ich wohne in einem Dorf mit wenigen Einwohnern und es ist hier üblich, dass man sich begrüßt, unabhängig wie gut man sich kennt. Also begrüße ich die Beiden mit einem freundlichen „Guten Abend". Wider Erwarten erfolgt aber kein Gegengruß, die Beiden gehen wortlos an mir vorbei. Spontan empfand ich ein starkes Ärgergefühl und sann sogar nach Rache: Wenn sie mir gleich wieder begegnen, werde ich sie auch nicht grüßen. Im nächsten Moment war mir zwar bewusst, wie verrückt meine Reaktion war, blieb aber nachdenklich, wie schnell und wie leicht man sich ärgern kann.

Wenn uns da Ärgergefühl angeboren ist, werden wir es kaum verhindern können und müssen damit leben. Aber wir sind diesem Gefühl nicht machtlos ausgeliefert, es liegt bei uns selbst, wie wir damit umgehen, das heißt, wie wir dieses Gefühl bewerten und möglichst bald auflösen. Leider halten es die meisten Menschen für normal, sich zu ärgern, entrüstet und erbost zu sein. Sie fühlen sich völlig im Recht, wütend zu werden und Vergeltung und Rache zu üben. Für die wird es schwer sein, zu erkennen, wie unsinnig solches Verhalten ist.

Hass- und Rachegefühle: Dass Habsucht Gier und Neid in einer vernünftigen Lebenseinstellung keinen Platz haben, muss nicht besonders erwähnt werden. Aber von Ärger, Hass und Rachegefühlen bleiben wir nicht immer verschont. Wir müssen nicht zwingend unseren Nächsten lieben und erst recht nicht Unrecht dulden. Aber bevor wir beginnen, jemanden zu hassen, sollten wir überlegen, was wir damit erreichen können. Und das ist doch nicht zu bezweifeln: Unser Hass bleibt bei uns selbst und erreicht den Anderen nicht. Wir schädigen uns nur selbst und nicht den Anderen. Hass ist also absolut sinnlos, auch wenn wir uns manchmal einbilden, unseren Hass genießen zu können.

Üben wir Rache, setzen wir uns nicht nur der Gefahr aus, gegen Gesetze zu verstoßen, sondern gefährden uns dadurch auch selbst. Wir provozieren damit die Gegenrache und die kann uns noch schlimmer treffen. Bekanntlich ist ein angeschossenes Wildschwein besonders gefährlich. Wir sollten uns darauf beschränken, von bösartigen Zeitgenossen Abstand zu halten.

Wie können wir mit solchen, uns beherrschenden Gefühlen umgehen? Soll man seinen Ärger und Frust rauslassen und sich so abreagieren oder runterschlucken und in sich hineinfressen? Diese Frage lässt sich nicht allgemein beantworten. Wenn wir alles runterschlucken, wird das unserem Körper kaum bekommen, Magenbeschwerden und Kopfschmerzen können die Folge sein. Aber einige Experten sind der Meinung, dass mit dem Herauslassen der Ärger nicht erledigt ist. Der würde innerlich weiter kochen und so die Aggressivität noch eher fördern.

Ich bin der Meinung, dass zumindest im privaten Bereich, der Ärger nicht runter geschluckt werden sollte. Allerdings muss man dabei seine Reaktionen kontrollieren und den Anderen nicht verletzen. Es ist besser möglichst bald darüber zu reden, auch wenn es unangenehm ist. Sonst staut sich der Ärger auf und kann auch das Miteinander sehr belasten. Ich erinnere mich an meine frühere Zeit, in der ich versuchte jeder Konfrontation aus dem Wege zu gehen, erst Recht in der Familie. Dann hatte sich einmal so viel angestaut, dass ich vor Wut die Marmeladenschnitte an die Wand knallte.

Um mit meinem Ärger sinnvoll zu recht zu kommen, muss ich mir als erstes meinen Ärger bewusst machen. Sich fragen aus welchem Anlass und warum ich mich ärgere. Kann es sein, dass ich zu perfekt sein möchte und alles hundertprozentig sein muss, und das auch von Anderen erwarte? Oder liegt es an meinem geringen Selbstbewusstsein, dass ich so empfindlich reagiere?

Selbst wenn es so ist, fällt es uns sehr schwer das einzusehen. Aber ein großer Teil unseres Ärgers hat mit unsere „Unvollkommenheit" zu tun. Dabei kann niemand und nichts vollkommen sein. Jeder Mensch macht Fehler und hat seine Schwächen. Man kann bemüht sein daran etwas zu verbessern, aber zunächst bin ich der, der ich bin, vergleichbar mit keinem Anderen. Und allein mit dem Bewusstsein meiner Einmaligkeit kann ein unantastbares Selbstbewusstsein erreicht werden. Je mehr wir bereit sind, uns selbst mit unserer Unvollkommenheit anzunehmen, umso weniger ärgern wir uns über uns. Und umso mehr können wir gelassen bleiben, wenn andere Fehler machen.

Wie gehe ich mit dem Ärger um, den mir andere bereiten? Dass Vergeltung und Rache unsinnig sind, habe ich schon mehrfach betont. Was nicht ausschließt, in bestimmten Fällen die Polizei oder das Gericht einzuschalten. Auch das wird meinen Ärger wenig beeinflussen. Hierbei kann nur die richtige Bewertung und Erkenntnis helfen, wie unsinnig mein Ärger ist und dass ich mich damit nur selbst schädige. Mir sollte bewusst sein, wenn ich mich über andere ärgere, gebe ich diesem Anderen die Macht über mein Leben, über meine Gesundheit, meinen Schlaf und meine Zufriedenheit. Bereits Buddha soll gesagt haben: "An seinem Ärger festzuhalten ist genauso wie eine glühende Kohle in die Hand zu nehmen, um sie nach jemanden zu werfen; du bist derjenige, der sich verbrennt".

Es gibt allerdings noch einen anderen Weg, Ihren Ärger und Ihre Wut einzuschränken, aber der wird den meisten nicht leicht fallen. Dazu müssen Sie Ihre Sichtweise über den Anderen ändern und versuchen zwischen Sein und Tun zu unterscheiden, zwischen dem Menschen und seinem Handeln. Das entspricht nicht unserem allgemeinen Verständnis, aber es geht dabei nicht um Verurteilung oder Mitleid. Es geht darum, unsere Gefühle zu bändigen, denen wir sonst hilflos ausgeliefert sind.

Wenn uns jemand großen Ärger bereitet, müssen wir uns das nicht gefallen lassen und sollten ihn auch notfalls anzeigen. Wir können seine Nähe meiden, aber ihn als Mensch verachten, sollten wir nicht. Wer Böses tut, muss nicht immer auch ein böser Mensch sein. Die meisten „bösen Taten" sind situationsbedingt, das heißt, sie geschehen aus Not, Hunger und Angst. Häufig ist auch der eigene, unbeherrschte Ärger der Anlass dafür. Und den freien Willen, der das verhindern sollte, gibt es wohl nicht.

Vielleicht widerstrebt Ihnen diese Einstellung, aber wenn Sie das als Möglichkeit einmal gelesen haben, werden Sie sich beim nächsten Ärger daran erinnern. Sie können sich dann entscheiden, was unsinniger ist, sich weiter zu ärgern oder sich ein wenig Verständnis für den anderen Menschen zu erlauben.

Einsam oder allein

Sobald der berufliche Alltag fehlt, beschränkt sich der Kontakt zu anderen Menschen weitgehend auf die Familie und Freunde. Und wenn es die irgendwann auch nicht mehr gibt, ist man allein, aber auch einsam? Einsamkeit und Alleinsein sind zwei ganz unterschiedliche Lebenszustände. Ich bin zum Beispiel gern allein, auch im Umfeld meiner Familie. Viele Freunde habe ich nicht und bei größeren freundschaftlichen oder familiären Zusammenkünfte, fühle ich mich eher einsam

Sicherlich spielt sich das Leben in unseren Beziehungen ab, ein anderes Leben gibt es nicht. Aber eine innere Beziehung setzt vergleichbare Interessen voraus, ebenso ein richtiges Bild vom anderen. Und das wird im Alter immer schwieriger. Da gibt es nicht nur die Unterschiede von alt und jung. Auch die „Reife" des Alterns geht unterschiedliche Wege.

Sie mögen im Alter noch so leistungsfähig sein, in unserer Gesellschaft sind Sie der liebe Opa, dem man nicht mehr viel zumuten darf. Zum Beispiel erlebte ich das bei einem meiner Auftraggeber, der unvermittelt die Geschäftsbeziehung abbrach, als er zufällig erfuhr, dass ich „schon" 80 Jahre alt war. Kurz zuvor hatte er noch unsere gute Zusammenarbeit betont.

Altersprognosen besagen, dass wir alle etwas länger leben als in früheren Jahren. Dank gesundheitlicher Erkenntnisse auch länger leistungsfähiger bleiben. Aber in unserer gesellschaftlichen Auffassung ist das noch nicht angekommen. Ältere Arbeitnehmer haben immer noch große Schwierigkeiten, ihren Beruf weiter auszuüben, oder überhaupt einen Arbeitsplatz zu finden. Das Problem des zumutbaren Rentenbeginns und die auskömmliche Altersversorgung, ist ein Dauerthema in der Politik.

Und eine zufrieden stellende Lösung wird es in nächster Zeit nicht geben. Der technische Fortschritt verändert fortlaufend die Strukturen der Arbeitswelt, wir werden älter und bleiben bedingt auch länger leistungsfähig. Eine Belastungsabgrenzung zwischen körperlicher und geistiger Arbeit hat heute keine Gültigkeit mehr. Die körperliche Belastung wird weiterhin abnehmen, während die psychische Belastung in vielen Berufen bedrohlich zunimmt.

Die propagierten und staatlich unterstützten Zusatzversicherungen können sich nur die ohnehin schon besser Verdienenden leisten. Ein allgemeines Grundeinkommen könnte eine Lösung sein, dazu müsste aber das ganze, bisherige Versorgungssystem umgestellt werden. Zudem wird befürchtet, dass dadurch der allgemeine Arbeitswille vermindert wird.

Solange noch keine grundsätzliche Umgestaltung möglich ist, sollte zumindest der Renteneintritt flexibel gestaltet werden. Wer über ein bestimmtes Rentenalter hinaus noch weiter arbeiten möchte, sollte dazu die Möglichkeit haben. Eine solche individuelle Lösung erscheint mir sinnvoller, als eine branchenmäßige Aufteilung des Eintrittsalters.

Das könnte auch den Übergang von der geregelten Arbeitswelt in das Rentnerdasein erleichtern. Das Rentenproblem beschränkt sich ja nicht nur auf den finanziellen Bereich, auch wenn das im Vordergrund steht. Der Beginn der Rente ist auch das Ende eines Lebensabschnitts, gesetzlich abgestempelt als nicht mehr voll leistungsfähig.

Bemerkenswert ist, dass in diesem Zusammenhang auch bei den politisch Verantwortlichen die Einsamkeit ein Thema geworden ist. Es wurde vor kurzem sogar eine Meinungsumfrage darüber durchgeführt: „Halten Sie die Einsamkeit in Deutschland für ein Problem?" Die Mehrheit (67 %) hat das bejaht. Offensichtlich ist Einsamkeit ein gesellschaftliches Problem geworden, Abgesehen von der Verbesserung des Grundeinkommens, gibt es auf der politischen Ebene aber kaum Möglichkeiten, hieran etwas zu ändern.

Immer mehr Menschen leben allein und viele fühlen sich einsam. Das beschränkt sich nicht auf das Alter, obwohl es gerade da sehr offenkundig ist. Es fängt bereits bei den Kindern an, die sich von den beschäftigten Eltern nicht mehr verstanden fühlen und setzt sich in der leistungsorientierten Arbeitswelt fort. In den USA wird fast jeder zweite Erwachsene von einem Psychotherapeuten begleitet. In Deutschland gibt es dafür noch nicht genügend Therapeuten. Als Ersatz wird hier das Gespräch mit dem Hausarzt oder auch mit dem Friseur gesucht.

Unsere Gesellschaft, unser Zusammenleben hat sich verändert. Aus der früheren Großfamilie mit mehreren Generationen hat sich die Eltern-Kind Familie entwickelt und in deren Folge viele allein Lebende. Diese allgemeine Entwicklung, hat uns niemand aufgezwungen, wir haben selbst es so gewollt. Alleinsein hat auch etwas mit Freiheit zu tun.

Alleinsein wird erst dann ein Problem, wenn ich beziehungslos bin. Beziehungslos zu anderen, vor allem aber beziehungslos zu mir selbst, ein Problem der eigenen Lebenseinstellung. Sicherlich ist die eigene Lebenseinstellung nicht frei von äußeren Zwängen und Einflüssen, aber im Wesentlichen bestimme ich doch selbst, was ich tun oder lassen möchte.

Ein großer Luxus in unserem Leben ist Zeit zu haben, Zeit für uns selbst. In der Arbeitswelt gilt: „Zeit ist Geld" und nichts tun ist ein Fehlverhalten. Und wenn wir dann als Rentner alle Zeit der Welt haben, wissen wir nichts damit anzufangen, wenn uns dafür die richtige Lebenseinstellung fehlt. Es gibt für jeden etwas, mit dem man sich ausreichend beschäftigen kann. Das können Hobbys sein, Vereine oder auch soziale Tätigkeiten, jeweils nach dem eigenen Interesse. Gleichzeitig erhält man auch Beziehungen zu anderen.

Natürlich setzt das voraus, dass man überhaupt Interessen hat und auch bereit ist, irgendetwas zu tun. Wobei wiederum die körperliche und geistige Beweglichkeit eine wichtige Rolle spielt. Das verstehe ich unter richtiger Lebenseinstellung. Es muss aber nicht nur eine Beschäftigung sein, um die Zeit zu nutzen: Einfach das Gefühl zu genießen, dass man jetzt Zeit hat, gleich was man gerade macht und von niemanden gedrängt zu werden und nichts zu versäumen.

Eine neue, besondere Form der Einsamkeit entsteht zurzeit durch unseren technischen Fortschritt. Dank Online können wir heute mit unendlich vielen Freunden in Kontakt kommen. Aber die so genannten Freunde sind keine realen Freunde. Es sind fremde Personen, die lediglich zu Freunden erklärt werden. Gefühle der Vertrautheit und Nähe kommen da nicht auf. Eine ständige Tätigkeit in den sozialen Netzwerken wie zum Beispiel Facebook fördert Gefühle der Einsamkeit und Isolation.

Wir umgeben uns mit einer Scheinwelt, die mit dem realen Leben nichts zu tun hat. Mit der Suche nach immer mehr „Followers" verlieren wir den Kontakt zu unserem persönlichen Umfeld. Es gehen soziale Fertigkeiten verloren, die im realen Leben erforderlich sind, um wirkliche Freunde und Bekanntschaften zu finden. Man ist gut vernetzt, aber ohne reale Kontakte einsam.

IV. Unsere Lebensgefühle

Gesundheit

Als wichtigste Voraussetzung für ein „glückliches" Leben gilt zu Recht unsere Gesundheit. Bei allen Glückwünschen steht die Gesundheit im Vordergrund. Aber kann man sich Gesundheit überhaupt wünschen? Wer soll uns diesen Wunsch erfüllen, von wem erwarten wir das Geschenk der Gesundheit? Unser Geschenk besteht darin, dass wir einen wunderbaren Körper mit bekommen haben, der unter bestimmten Voraussetzungen nicht krank wird und dessen Zellen sich ständig erneuern.

Unser Wunsch gesund zu bleiben geht ins Leere, wenn wir nicht selbst die Verantwortung für unsere Gesundheit übernehmen. Es geht doch um unsere eigene Gesundheit, um unser eigenes Leben. Lassen Sie nicht Dritte darüber entscheiden, was für Sie gut oder schlecht ist. Das gilt nicht nur für die Meinung Ihres Nachbarn, sondern auch für viele medizinische Empfehlungen und Notwendigkeiten.

Das bedeutet aber keineswegs, dass Sie nicht ärztliche Hilfe in Anspruch nehmen müssen, oder notwendige Operationen ablehnen sollen. Aber Sie sollten auch bei Ihrem vertrauten Hausarzt die Notwendigkeit seiner Verschreibungen kritisch hinterfragen und mögliche Nebenwirkungen ernst nehmen. Versuchen Sie als „informierter Patient" in die Behandlung zu kommen.

Natürlich ist das für einen medizinischen Laien nicht einfach, auch wird dadurch das Vertrauen zum Arzt infrage gestellt. Und das ist wirklich ein Problem. Es gibt Forschungsergebnisse, nach denen das Vertrauen zum Arzt für die Heilung wichtiger sein kann als das richtige Medikament. Die Placebos mit überzeugenden Heilungsversprechen waren nachweislich wirkungsvoller als das entsprechende Medikament mit Hinweisen auf mögliche Nebenwirkungen.

Seien Sie besonders kritisch bei komplizierten Operationen. Die Medizintechnik hat heute einen hervorragenden Standard erreicht. Aber sie darf nicht zum Selbstzweck werden. Aus den Medien wird Ihnen bekannt sein, in welchem Umfang unnötige Operationen durchgeführt werden, zum Beispiel an der Wirbelsäule, an Gelenken oder auch bei Kaiserschnitten.

Vor ein paar Tagen lief im Fernsehen ein Bericht über unsere Kliniken. Ärzte und auch Chefärzte berichteten über ihre Probleme in den Kliniken. Die heutigen Kliniken liegen im ständigen Konkurrenzkampf untereinander und stehen unter Kostendruck. Um nicht schließen zu müssen, werden die Ärzte aufgefordert, jede nur irgendwie vertretbare Operation durchzuführen und möglichst profitable Geräte zu nutzen. Zudem wird unverantwortlich an Ärzten und Personal gespart.

Sich gesund fühlen

Absolut gesund sind wir nur wenn wir als Baby geboren werden, abgesehen von Ausnahmen. Sobald wir der Umwelt ausgesetzt sind, werden wir anfällig für Belastungen und Krankheiten. Als Erwachsender haben wir schon einige Erkrankungen hinter uns. Und die meisten von uns haben irgendwelche Beschwerden oder körperliche Einschränkungen. Sind wir damit noch gesund oder schon krank?

Aber was bedeutet eigentlich „Gesundheit"? Es gibt keine absolute Gesundheit, das ist nur ein sehr relativer Begriff. Ist es nicht so, dass wir alle nicht ganz gesund sind, aber fühlen wir uns deshalb auch alle krank? Zweifelsohne können schwere Erkrankungen unser Leben verleiden und große Sorgen bereiten. Aber in allen anderen Fällen hängt es entscheidend davon ab, wie wir mit den Störungen unserer Gesundheit umgehen. Auch wenn wir nicht ganz gesund sind, können wir uns gesund fühlen und entsprechend unser Leben gestalten. Das wichtigste Element der Gesundheit besteht darin, sich selbst zu lieben, zu respektieren und zu akzeptieren, so wie Sie wirklich sind und wie Sie sich fühlen.

Zum Beispiel empfinde ich mich mit 84 Jahren immer noch fit und frisch. Ich fühle mich sogar gesund, obwohl ich ein künstliches Hüftgelenk habe und nach einer Beckenvenen-Thrombose Kompressionsstrümpfe tragen muss. Auch eine Krebsoperation habe ich hinter mir, mit dem Karzinom musste ein Teil meines Dickdarms entfernt werden.

Dass ich heute beschwerdefrei bin und alle Körperfunktionen noch intakt sind, bekam ich aber nicht um sonst geschenkt. Im Wesentlichen verdanke ich das meinen konsequenten Bewegungs- und Atemübungen und der Vermeidung von Giftbelastungen jeglicher Art.

Gesundheit ist ein relativer Begriff. Nach einer überstandenen Erkrankung, sage ich, ich bin wieder gesund, obwohl ich möglicherweise noch andere Beschwerden habe. Wenn mein Hüftgelenk zerstört ist, kann ich nicht mehr gesund werden, obwohl ich mit dem künstlichen Gelenk wieder absolut beschwerdefrei bin.

Entscheidend ist wieder, wie ich mich fühle, ob ich mich krank oder gesund fühle. Wenn ich eine akute Krankheit oder Beschwerde habe, werde ich mich kaum gesund fühlen. Aber in der übrigen Zeit sollten wir uns gesund fühlen, auch wenn wir die eine oder andere körperliche Einschränkung haben.

Gefühle können wir nicht bewusst hervorrufen, aber ob Sie sich gesund fühlen, hängt schon von Ihrer Einstellung zu Krankheiten ab. Es ist richtig und wichtig, dass wir auf unsere Gesundheit achten und Krankheiten rechtzeitig und bestmöglich behandeln zu lassen. Wir dürfen uns aber nicht dauernd damit beschäftigen. Das belastet nicht nur unser Lebensgefühl, sondern auch unsere Gesundheit.

Auch unser Umfeld trägt dazu bei, dass wir immer wieder unnötig auf Krankheiten fokussiert werden. Es beginnt bereits mit der üblichen Begrüßung. „Wie geht es Ihnen?" Ganz oft folgt danach ein Austausch über ausführliche Krankheitsanalysen. Zu den beliebtesten Fernsehsendungen gehören heute die Krankenhausserien und Gesundheitsmagazine mit möglichst dramatischen Krankheitsabläufen. In der Fernsehwerbung werden wir überhäuft mit ultimativen Heilmitteln. Indirekt wird uns dabei suggeriert, dass wir auch solche Krankheiten haben können.

Vertrauen auf unserem Körper

Unser Körper ist ein Wunderwerk der Natur, er ist so beschaffen, dass er die wichtigsten Lebensfunktionen selbst reguliert. Er besitzt die Selbstheilungskräfte, mit denen er Störungen wieder harmonisiert und Verletzungen ausheilt. Krankheiten entstehen als Folge unserer Zivilisation. In Ihrem natürlichen Umfeld wild lebende Tiere werden nicht krank, für unsere Haustiere gilt das nicht mehr. Das was wir als Krankheit benennen, sind die Maßnamen unseres Körpers zur Selbstregulation. Das heißt, Krankheiten sind die äußeren Anzeichen von inneren Belastungen und Blockaden unserer Lebensfunktionen.

Wir können und sollen unserem Körper dabei mit einer richtigen Behandlung unterstützen und helfen, dabei dürfen wir Ihn aber nicht zusätzlich belasten und die Selbstheilung stören. Eine Heilung von Krankheiten kann ausschließlich nur der Körper selbst erreichen. Bereits zerstörte Organe oder Gliedmassen können auch vom Körper nicht mehr geheilt werden. Glücklicherweise ist heute die Medizintechnik soweit fortgeschritten, solche Körperteile zu ersetzen. Und auch so, dass man damit auch viele Jahre fast ohne Behinderung leben kann.

Unser Körper reagiert aber auch sensibel auf unsere vorherrschenden Gedanken und Gefühle. Um das verstehen zu können, müssen wir uns die Körperfunktionen etwas näher ansehen. Die Funktion unseres Nervensystems mit der zentralen Schaltstelle Gehirn ist uns weitgehend bekannt. Allerdings wer oder was steuert unser Gehirn? Schwieriger wird es bei der Betrachtung der unendlich vielen Abläufe auf der Ebene der Zellen, also außerhalb des Nervensystems. Seit Professor *Popp* wissen wir, dass alle Zellen untereinander auf elektromagnetischer Basis korrespondieren.

Das kann genetisch vorprogrammiert sein, aber die Aktionen passen sich zielgerichtet jeder neuen Situation an. Daraus kann man schließen, dass die Zellen eine Art Lebewesen mit geistigem Hintergrund sind und von einer übergeordneten Instanz gesteuert werden. Nach **Lothar Hollerbach**, ein forschender Arzt, ist diese Instanz unser Herz. Er sagt dazu: „Ihr Herz ist vor allem ein hoch sensitives geistiges Organ, .. Ihr Herz ist Ihr zentrales Organ, das alles, aber auch wirklich alles, innerhalb wie außerhalb Ihres Körpers wahrnimmt, abspürt und gleichzeitig regelt".

Es fällt uns schwer diese Hypothese zu akzeptieren. Aber ohne eine übergeordnete Steuerung lassen sich die komplexen Funktionsabläufe in unserem Körper nicht erklären, ebenso wenig, wie die Lebensfunktion selbst. Aber die erfolgreichen Herzimplantationen mit fremden oder künstlichen Herzen stellen die obige Hypothese in Frage. Nun ist Herr Dr. Hollerbach selbst Herzchirurg und kennt diese medizinischen Zusammenhänge aus eigener Erfahrung. Seine Hypothese beruht darauf, dass unser Herz nicht nur aus einem körperlichen Mechanismus besteht, der ausgetauscht werden kann, sondern vor allem auch eine geistige Instanz ist.

Unbestritten ist unser Herz viel mehr als ein arbeitender Fleischklumpen. Wir betrachten das Herz als Zentrum unserer Gefühle, als Symbol für die Liebe. Es reagiert auf unsere Emotionen bis hin zum „zerbrechen". Damit kennen wir doch an, dass unser Herz ein geistiges Umfeld besitzt. Wir können wahrnehmen, dass das Herz auf unsere Emotionen und unser Verhalten reagiert. Aber kann es nicht sein, dass unser Herz nicht nur passiv sondern auch aktiv reagiert? Und nicht nur unsere Körperfunktionen beeinflusst, sondern sogar unser Verhalten, auch wenn uns das nicht bewusst ist?

Wodurch entstehen zum Beispiel „Zufälle"? Wir betonen zwar immer, dass es keine Zufälle gibt. Aber wer oder was arrangiert das „zufällig" Eintretende? Für den Einen ist es eine höhere

Macht, für den Andern unser eigener Instinkt. Beide Begriffe sind aber nur Worthülsen, die wir nicht weiter befragen können. Ich kann mir vorstellen, dass hierbei unser Herz mitwirkt. Möglicherweise ist es auch der „Schutzengel" der Kinder, solange sie noch nicht von ihrem Verstand beherrscht werden.

Gesund fühlen im Alter

Auch im höheren Alter können wir uns gesund fühlen, selbst wenn sich der Zahn der Zeit bemerkbar macht. Allerdings müssen wir uns gerade im Alter möglichst gesund verhalten. Wir sind dann empfindlicher für Beschwerden und Erkrankungen. Unser Körper verhält sich nicht unendlich tolerant. Körperliches Fehlverhalten kann er über Jahrzehnte ausgleichen, aber es bleiben Rückstände, die sich ansammeln und irgendwann kritisch werden. Sicherlich verändern sich einige Körperfunktionen mit zu nehmenden Alter, aber die eigentlichen Altersbeschwerden sind wesentlich das Ergebnis körperlicher Fehlbelastungen.

Die können wir nicht mehr rückgängig machen, aber wir sollten Neue vermeiden. Und was noch wichtiger ist, wir müssen unseren Körper aktiv halten. Wir müssen uns ausreichend bewegen, wenn wir beweglich bleiben wollen, auch wenn uns das häufig schwer fällt. Gerade Gelenkbeschwerden plagen uns im Alter. Aber die sind nicht altersbedingt, sondern die Folgen von Bewegungsmangel. Und mit ausreichender Bewegung kann man die noch beseitigen, soweit das Gelenk nicht zerstört ist. Bei fortgeschrittenen Schäden, wie Arthrose, hilft uns die Medizintechnik mit einem Ersatzgelenk und wir sind wieder voll beweglich. Und solange wir beweglich bleiben, gibt es kaum Einschränkungen für unsere Lebensgestaltung.

Glücksgefühle

Glück ist wie viele unserer großen Worte ein relativer Begriff. Glück hat keine eigene Substanz, wir können es nur fühlen oder empfinden. Entsprechend schwierig ist es auch, diesen Zustand zu beschreiben. Ich habe das einmal vor circa 50 Jahren mit folgendem Spruch versucht:

„Der Wert unseres Lebens besteht im Erleben von Glück. Wie viel an Glück wir erleben, hängt weniger davon ab, was wir besitzen oder erreichen, sondern viel mehr von unseren eigenen Maßstäben, mit denen wir unser Erleben bewerten und empfinden".

Dieser Spruch gefällt mir auch heute noch gut, aber geholfen bei meiner Suche nach Glück hat er leider nicht. Allerdings lässt sich mit dieser Einstellung Zufriedenheit erreichen und Zufriedenheit ist eine gute Basis, für Glück offen zu sein.

Ich bin, was ich fühle und ich bin glücklich, wenn ich mich glücklich fühle. Glück ist ein Gefühl und Gefühle kann man weder suchen noch erreichen. In unserem Sprachgebrauch verwenden wir das Wort „Glück" am häufigsten, wenn etwas Unerwartetes eintritt. Ich habe Glück gehabt, weil ich den Unfall überlebt habe, oder weil ich im Lotto gewonnen habe. Auch sogar abwertend wird das Wort benutzt. Zum Beispiel: Er soll damit glücklich werden. Das alles hat mit dem eigentlichen, tieferem Glück wenig zu tun. Dieses tiefere Glück ist ein besonderer Zustand unseres Lebensgefühls, der mehr oder weniger lang anhält.

Wie jedes andere Gefühl kann man das Glück weder erzwingen noch kann man es festhalten, sollte es mal da sein. Jeder strebt danach, glücklich zu werden, es ist wohl das größte Anliegen der Menschen. Aber warum hat in der langen Menschheitsgeschichte noch niemand herausgefunden, wie man das Glück erwirken kann? Oder gibt es das Glück überhaupt nicht? Ist Glück nur ein idealisierender Begriff für verschiedene schöne Zustände?

Ich vermute, dass dieser Begriff erst in der Neuzeit entstanden ist. Wenn ich mich richtig erinnere, ist in der Bibel an keiner Stelle von Glück die Rede, auch nicht im Neuen Testament. Allerdings kann das auch daran liegen, dass Glück und Religion nicht vereinbar sind. Im späten Mittelalter gibt es dann den „Hans im Glück". bei dem das Glück als eine Illusion dargestellt wird.

Was sind denn dann die Zustände, in denen wir „glücklich" sein können? Beziehungsweise auf welcher Basis sind wir für unser „Glück" offen? Da gibt es einige Zustände, die dafür in Frage kommen, wie zum Beispiel: Glücklich und zufrieden, wunschlos glücklich, oder auch Dankbarkeit, innere Ruhe und Gelassenheit.

Alle diese Zustände sind wieder gefühlsbestimmt und können nicht so einfach eingeschaltet werden, aber man kann sich darum bemühen. Wobei dieses Bemühen unterschiedlich schwer ist und auch nicht ganz unserem gesellschaftlichen Anspruch entspricht. Für den jüngeren Menschen sind Wünsche ein natürlicher Antrieb und Zufriedenheit gilt als Stillstand. Ruhe und Gelassenheit sind ohnehin eher ein Privileg des älteren und reifen Menschen.

Ein Patentrezept für Glück gibt es nicht. Und unsere Glücksgefühle erleben wir mehr zufällig, sei es in der Liebe und Freundschaft, im Beruf oder auch im Sport. Dabei entstehen diese Glücksgefühle nicht zufällig von selbst, sie haben eine chemische Ursache. Unter bestimmten Voraussetzungen setzt unser Körper besondere Hormone frei, so genannte Glückshormone. Und das geschieht interessanterweise zum Beispiel im Sport nicht nur bei größeren Erfolgen, sondern auch bei körperlicher Erschöpfung. Wer einmal Leistungssport betrieben hat, der kennt diese Gefühle.

Gilt dies auch für eine körperliche Erschöpfung nach einer harten Arbeit? Diese Frage konnte ich vor nicht langer Zeit aus eigener Erfahrung beantworten und zwar mit einem eindeutigen „Ja". Ich wohne in einer Wohnanlage, zu der ein circa 1000 qm großes Wiesenstück gehört, über Jahre gepflegt von einem Gärtner. Durch besondere Umstände wurde vor einem Jahr der Gärtner eingespart, mit der Folge, dass die gesamte Fläche „überwucherte", mit Brennnesseln und fast meterhohem Gras.

Da keine Hoffnung auf eine Veränderung bestand, entschloss ich mich zur Selbsthilfe und arbeitete das Gelände ab. Und das war wirklich harte Arbeit. Mit einem Rasenmäher war da wenig zu machen, es ging nur über Handarbeit. Da ich weder Gartenarbeit noch sonstige körperliche Arbeit gewohnt war, fiel mir das im Anfang schon schwer, abends fühlte ich mich regelrecht „kaputt". Aber nach ein paar Tagen trat etwas ein, mit dem ich nicht gerechnet hatte: Ich hatte nicht nur Freude an dieser Arbeit, ich empfand plötzlich intensive Glücksgefühle.

Seit Jahren proklamiere ich, wie notwendig eine ausreichende Bewegung für unsere Gesundheit ist. Nach dieser Erfahrung sieht es so aus, dass zur richtigen Gebrauchsanweisung für unseren Körper auch eine entsprechende Anspannung gehört.

Kann es sein, dass wir auf einen Teil unserer Glücksgefühle verzichten, wenn wir nicht mehr körperlich arbeiten? Und waren unsere Vorfahren, die hart arbeiten mussten um zu überleben, etwa glücklicher, als wir es heute sind?

Mit diesen Fragen möchte ich keinesfalls unseren Fortschritt in Frage stellen, nicht unser Bemühen, schwere Arbeiten durch Maschinen und Geräte zu ersetzen. Mir geht es allein um das Phänomen, dass doch eine Möglichkeit besteht, willentlich Glücksgefühle entstehen zu lassen.

Vielleicht tröstet es uns, dass auch Goethe mit dem Glück seine Schwierigkeiten hatte, wenn er seinen Faust sprechen lässt: „Werd ich zum Augenblicke sagen, verweile doch, du bist so schön, dann kannst du mich in Ketten schlagen, dann will ich gern zu Grunde gehen".

Freude: Was für die Glücksgefühle gilt, gilt im Wesentlichen auch für die Freude. Beides sind besonders positive Emotionen, beides sind Gefühle, die wir kaum beeinflussen können. Allerdings kann man sich und anderen schon Freude bereiten. Und ein weiterer Unterschied zu Glück ist, dass man Freude in verschiedener Intensität erleben kann.

Freude kann leise Töne haben, kann sich aber auch zu überschwänglicher Freude steigern. Freude kann verinnerlicht bleiben, oder sich nach außen zeigen durch Lächeln und besonderen Gesten. Besonders freuen wir uns, wenn unsere Wünsche in Erfüllung gehen, oder wenn wir unerwartet etwas Schönes erleben. Das geschieht uns mehr zufällig, aber wir können auch aktiv uns Freude bereiten. Und das sollten wir auch möglichst häufig nutzen.

In der positiven Stimmung der Freude empfinden wir auch alles positiver. Ein freundlicher Umgang mit anderen Menschen fällt uns leichter, wir können geduldiger und toleranter sein. Unsere Mitmenschen fühlen sich in unserer Nähe wohler und werden von uns angezogen. Zudem sind wir entspannter und können Manches besser genießen.

Es gibt ausreichend viele Möglichkeiten, die uns Freude bereiten können. Wir können etwas tun, was uns Freude und Spaß macht, sei es lesen, Musik hören oder auch spielen und Hobbys genießen. Es entsteht Mitfreude, wenn wir anderen helfen und denen Freude bereiten. Wir sind auch in der Lage, uns an freudige Erlebnisse dankbar zu erinnern.

Sich wohl fühlen

Wenn das Bemühen um Glück eine Illusion ist, und das Suchen danach zwecklos ist, welche Bedeutung hat dann das Glück für unser Leben? Sicherlich sind Glücksgefühle die Höhepunkte in unserem Leben und die sollten wir auch genießen. Aber erwarten können wir sie nicht. Und wenn sie tatsächlich einmal da sind, können wir sie nicht halten. Glück ist bekanntlich zerbrechlich wie Glas und leider meist wie sehr dünnes Glas.

Glück ist daher kein wesentlicher Bestandteil unseres Lebens und kann auch nicht der Wert unseres Lebens sein. Meinen jugendlichen Spruch über das Glück, möchte ich daher um formulieren in: Der Wert unseres Lebens besteht darin, sich möglichst immer wohl zu fühlen, eventuelle Glücksgefühle eingeschlossen.

Auch das „Sich wohl fühlen" ist ein Gefühl und über Gefühle können wir nicht unmittelbar bestimmen. Aber dieses Gefühl lässt sich einrichten, ich kann mich darum bemühen und es auch längere Zeit aufrechterhalten. Ich kann es auf der Verstandesebene vorbereiten und muss nicht auf den Zufall warten. Mit einer vernünftigen Lebenseinstellung ist es jedem möglich, sich wohl zu fühlen, auch bei nicht optimalen Lebensumständen. Sicherlich nicht immer, aber schon in der überwiegenden Zeit.

Zur vernünftigen Lebenseinstellung gehört als Erstes die Befreiung von Ängsten. Unsere Ängste und Sorgen verbauen uns nicht nur die Zukunft, sie trüben uns die Freude am Leben. Wir können uns damit nicht wohl fühlen.

Beginnen Sie damit, die unnötigen Ängste zu vermeiden. Sie müssen vor dem Elend der Welt Ihre Augen nicht verschließen, aber Sie helfen niemandem, wenn Sie mitleiden. Das gilt auch für Ihr eigenes Umfeld. Helfen Sie dort, wo Sie es können und zeigen Ihr Mitgefühl, aber leiden Sie nicht mit.

Völlig unnötig sind unsere Urängste. Tief im Inneren und unbewusst befürchten wir Gefahren für unsere Existenz. Warum erscheint uns zum Beispiel die Dunkelheit unheimlich und beängstigend? Es ist die vererbte Angst unserer frühen Vorfahren, die von vielen Gefahren bedroht waren und ständig um ihre Existenz kämpfen mussten.

Nach unseren heutigen Maßstäben müssen noch immer viele um ihre Existenz kämpfen. Dabei geht es aber mehr um die wirtschaftliche Existenz, die Grundbedürfnisse sind in unserem „Sozialstaat" weitgehend abgesichert. Abgesehen von den Obdachlosen hat jeder ein Dach über den Kopf und muss nicht Hunger leiden. Das soll nicht heißen, dass es jedem „gut geht", aber die Urängste um die körperliche Existenz haben heute keine Berechtigung mehr. Da sie sich jedoch immer noch auswirken und uns belasten können, ist es wichtig, uns darüber im Klaren zu sein. Und das ist mit unserem Verstand möglich.

Das Auflösen von Ängsten, die Ihnen Ihr Verstand serviert, ist sicherlich etwas schwieriger. Wenn Sie bereit sind die Funktion Ihres Verstandes zu verstehen, wird Ihnen aber auch das gelingen. Die Mühe, sich mit diesem Problem auseinander zu setzen, wird sich für Sie lohnen. Mit dem Auflösen dieser Ängste beginnt für Sie ein neues Lebensgefühl.

Zufriedenheit

Der nächste Teil einer vernünftigen Lebenseinstellung ist Zufriedenheit. Da es Vielen nicht „so gut geht" ist die Zufriedenheit erst einmal ein Problem. Das natürliche Bedürfnis, mehr haben und mehr erreichen zu wollen, schließt aber eine Zufriedenheit nicht aus. Es mag jetzt etwas spitzfindig klingen, aber es geht nicht darum, dass ich mit dem zufrieden bin, was ich habe, sondern ob ich mit mir selbst zufrieden bin.

Gleich was ich noch haben oder erreichen möchte, es geht um den jetzigen Zeitpunkt, um das, was jetzt da ist. Wie kann ich heute damit leben? Fehlt mir jetzt wirklich etwas, oder kann ich sogar etwas stolz darauf sein auf das, was ich bis heute erreicht habe? Vielleicht gelingt es Ihnen für das Erreichte dankbar zu sein. Dankbarkeit ist der wirksamste Schlüssel für Zufriedenheit. Dabei müssen Sie keinem Dritten dankbar sein, meinet wegen nur sich selbst.

.

Gelassenheit

Der beste Schutz vor ärgerlichen Reaktionen ist die Gelassenheit. Diesen ausgeglichenen Zustand erreicht man leider erst im höheren Alter, wenn überhaupt. Dabei ist die Basis der Gelassenheit nur ein logischer Zusammenhang: „**So ist es. Anders kann es nicht sein**" (Dominschrift Amsterdam)

Egal was passiert ist, es ist passiert. Wir können es nicht rückgängig machen und nicht ändern. Warum denken und handeln wir nicht logisch? Wir blockieren uns mit Dingen, die nicht mehr zu ändern sind, anstatt sich darauf zu konzentrieren, was jetzt zu denken und zu tun ist. Das gilt nicht nur für dramatische Ereignisse, es verfolgt uns überall, auch bei den alltäglichen Dingen.

Wenn wir diesen unscheinbaren Spruch ernst nehmen, kann er dazu beitragen, innere Ruhe und Gelassenheit zu bewahren. Mich begleitet dieser Spruch schon seit vielen Jahren und er war mir oft eine wertvolle Hilfe.

Erst mit einer vernünftigen Lebenseinstellung können wir unsere Freizeit genießen und uns dabei wohl fühlen. Nicht durch Abwechselung unserer Tätigkeiten, sondern einfach freie Zeit für uns zu haben. Ohne ein schlechtes Gewissen zu haben, einmal nichts zu tun. Oder auch dass zu tun, was uns gerade Freude macht. Natürlich kann das ein besonderes Hobby sein, möglichst aber nicht nur als ablenkende Tätigkeit.

Wer den ganzen Tag anstrengend arbeitet, wird es genießen, abends sich vor den Fernseher zu setzen und die Beine hoch zu lagern. Das ist sicherlich körperlich entspannend, und kann uns von den eigenen Problemen ablenken. Dafür werden wir aber mit fremden Problemen intensiv belastet und können uns dabei kaum wohl fühlen.

Wie man mit seiner Freizeit besser umgehen kann, lässt sich nicht verallgemeinern, jeder hat eine unterschiedliche Vorstellung und Neigung. Wer zum Beispiel klassische Musik mag, kann sich damit nicht nur entspannen, sondern auch innere Ruhe finden und sich in eine wohl tuende Stimmung versetzen.

Entspannung

Um sich wohl zu fühlen, muss man auch entspannt sein. Aber Entspannung ist nicht nur eine Voraussetzung um sich wohl zu fühlen, auch unsere Gesundheit hängt davon ab. Wir leben in einer Zeit, in der wir in fast allen Bereichen gestresst werden und Stress ist der Ursprung der meisten Krankheiten.

Stress ist an sich eine natürliche Reaktion unseres Körpers. Wenn er sich in irgendeiner Form bedroht fühlt, produziert unser Körper sofort Stresshormone. Diese Hormone lösen die erforderliche Anspannung aus, um spontan kämpfen oder flüchten zu können. Da wir aber in unserem Alltag weder kämpfen noch flüchten können, verbleiben diese Hormone im Körper. Sie sammeln sich an und verändern unser Verhalten.

Während körperlicher Stress sich durch Schmerzen oder Unwohlsein bemerkbar machen kann, bleibt der geistige und emotionale Stress meist unentdeckt. Ununterbrochener Stress entzieht dem Körper Energiereserven, die ihm dann für die Abwehr von Krankheiten fehlen. Dauerstress zerstört unsere Lebensqualität und kann die Lebenserwartung verkürzen.

Auch wenn die bedrückenden Ereignisse in der Welt uns immer mehr Angst machen, Stress entsteht aber in erster Linie in unserem persönlichen Umfeld. Das sind die finanziellen Probleme, der Ärger auf der Arbeitsstelle mit einem schwierigen Vorgesetzten oder fehlende Berufsaussichten. Häufig sind es auch ungeklärte Beziehungsprobleme und Familienstreitigkeiten. Wir fühlen uns macht- und hilflos daran etwas ändern zu können.

Wenn wir nicht in der Lage sind, solche Probleme zu lösen, was können oder müssen wir dann tun? Es bleibt uns nichts anderes übrig, als dass wir lernen, mit Druck, Stress, Ängste und Einschränkungen besser umzugehen. Dazu müssen wir beachten, dass nicht das was in unserem Leben geschieht unmittelbar Stress verursacht, der entsteht erst durch unsere Reaktion darauf. Und nur unsere Reaktionen können wir beeinflussen.

Mit dieser Einflussnahme verdienen die Psychotherapeuten ihr Geld. Jeder zweite USA-Bürger soll bereits einen Therapeuten beanspruchen. In Deutschland sind Psychotherapeuten noch eine Mangelware, mit wochenlangen Wartezeiten. Zunächst sollten wir aber unsere eigenen Möglichkeiten dazu ausschöpfen.

Ein häufig genannter Ratschlag besagt, um Stress zu vermeiden, müsse man sein Leben endschleunigen oder verlangsamen. Sicherlich trägt die heutige Schnelllebigkeit dazu bei, dass wir uns überfordern, alles schnell zu erledigen und möglichst auch Verschiedenes gleichzeitig. Das lässt sich im Alltag aber kaum vermeiden und betrifft ohnehin nur einen Teilbereich der Stressursachen.

Um Stress abzubauen und weiteren Stress zu vermeiden müssen wir uns entspannen und zwar nicht nur ablenken, sondern richtig tief entspannen. Die körperliche Entspannung lässt sich relativ leicht mit sportlichen oder gymnastischen Übungen erreichen. Schwieriger ist es, sich geistig zu entspannen. Nach dem Autogenen Training gilt heute die Meditation als bestes Mittel der Wahl. In den fernöstlichen Ländern hat die Meditation eine uralte Tradition, aber können wir die so einfach übernehmen?

Wir haben in der westlichen Welt eine andere Mentalität als in der östlichen Welt. Während bei uns der Verstand und die Aktivität im Vordergrund stehen, ist die östliche Mentalität mehr passiv auf die Religion und Mystik ausgerichtet. Es fällt uns schwerer, mit einer passiven Einstellung unseren Verstand, unseren Geist zu beruhigen.

Es besteht sogar die Gefahr, dass wir mit einer meditativen Übung unsere Verspannung noch vertiefen können. Von den

Weisheitslehrern wird uns daher empfohlen, vor der Meditation unsere Aktivität abzubauen, zum Beispiel durch eine anstrengende Bewegungsübung. Der körperlichen Entspannung folgt dann fast von selbst auch die geistige Entspannung.

Sich willentlich, gedanklich zu entspannen ist ohne Training kaum möglich. Beim Autogenen Training funktioniert das auch nur über indirekte Hilfsvorstellungen, wie zum Beispiel das Wärmegefühl. Dem Gefühl folgt die Entspannung. Diesen Zusammenhang kann man auch einfacher nutzen:

Als aktive Vorbereitung für eine Entspannung nutzen Sie eine intensive Bewegungsübung. Dafür am besten geeignet ist die Übung A-3 „Körper aktivieren", im Übungsabschnitt ist sie detailliert beschrieben. Die Übung dauert nur zwei Minuten und kann auch vor dem Schreibtisch gemacht werden. Ebenso gut geeignet ist dafür auch die Blutwell-Übung, die unter „Kreislauf aktivieren" in dem Übungsteil beschrieben ist. Diese Übung macht man am besten im Liegen.

Nach dieser Vorbereitung nehmen Sie eine bequeme Haltung ein, das geht auch im Sitzen. Sie schließen Ihre Augen und entspannen sich. „Ich bin entspannt, ich bin tief entspannt, entspannt auf allen Ebenen" Während Sie dann Ihren pulsierenden Körper wahrnehmen, versuchen Sie sich in Ihren Körper hinein zu fühlen.

Im Anfang ist es leichter, abschnittsweise vorzugehen. Und zwar nacheinander in Ihre Hände, Arme, Schulter, Brust, Bauch, Unterleib, Beine, Füße, Gesicht, Ohren, Augen und Gehirn, mit der Intension: „Ich fühle in meine Hände, in meine Arme" und so weiter. Da ich bin, was ich fühle, können Sie sich auch sagen: „Ich bin in meinen Händen". Im Anfang nehmen Sie sich etwas Zeit, um die einzelnen Körperteile zu spüren. Danach können Sie das im Schnelldurchgang machen, den Sie ein oder zweimal wiederholen. Damit kommen Sie mühelos in einen Entspannungszustand. Allerdings müssen Sie dazu auch bereit sein, sich ganz bewusst in Ihren Körper hineinzufühlen.

Wenn Sie mit Ihrer Aufmerksamkeit ganz in Ihrem Körper sind, hat Ihr Verstand eine Sendepause. Sie sind dann nur bei „sich selbst". Sie können das was Sie fühlen noch verstärken, wenn Sie Ihre Körperzellen ansprechen. Zum Beispiel mit der Intension: „Mein Dank und meine Liebe strömt durch alle Zellen meines Körpers". Oder auch, wenn Sie so mögen: „Die Liebe Gottes strömt durch meine Zellen". Dabei können Sie auch wieder Ihre Körperteile nacheinander ansprechen. Die Reaktionen im Körper fühlen sich dann so an, als ob die Zellen lebendiger geworden sind.

In diesem Zustand sind Sie tief entspannt, körperlich und geistig. Wenn Sie sich auf Ihren Atem konzentrieren und weiterhin in Ihren Körper fühlen, können Sie diesen meditativen Zustand beliebig lange aufrechterhalten. Für die Wirksamkeit der Entspannung ist aber weniger die zeitliche Länge wichtig, sondern die häufige Wiederholung. Wenigstens ein Mal am Tag sollten Sie sich mit dieser Übung entspannen.

Wenn Sie die Entspannungsübung, wie beschrieben mehrmals intensiv ausgeführt haben, sind Sie in der Lage, auch spontan in den Entspannungszustand zu kommen. Dafür ist es hilfreich, während der Entspannungsübung die Intension: „Ich bin entspannt, …" zu wiederholen. Ihr Körper ist sehr lernfähig. Es reicht dann allein diese Intension. Die Entspannung wird zwar nicht so intensiv sein, aber Sie können diese Möglichkeit in jeder Alltagssituation nutzen, auch ohne die Augen dabei zu schließen.

Mit dieser Übung erreichen Sie nicht nur eine tiefe Körperliche und geistige Entspannung. Sie aktivieren auch Ihre Körperfunktionen auf der Ebene Ihrer Zellen und fördern damit Ihre Gesundheit. Allerdings sollten Sie beachten, dass diese Aktivität Ihr Einschlafen behindern kann. Deshalb rate ich davon ab, diese Übung abends vor dem Einschlafen zu machen. Beim Übergang in den Schlaf, baut unser Körper seine Aktivitäten ab.

Dieser Abbau erfolgt nicht schlagartig, es ist ein Prozess in mehreren Stufen. Ein spezieller Bereich in unserem Hirnstamm sendet beim Einschlafen hemmende Signale, die unseren gesamten Organismus herunterfahren, einschließlich Muskeln und Bewusstsein. Ist unser Gehirn nach besonders stressigen Tagen überreizt, läuft das Herunterfahren ungeordnet ab. Es kann zu einer Art Fehlzündung kommen, die im Bewegungszentrum das Anspannen von Muskeln bewirkt. Wir erleben das im Halbschlaf als ruckartige und unsanfte Zuckungen.

Diese Zuckungen sind zwar ungefährlich, zeigen uns aber deutlich, dass unser Gehirn vor dem Einschlafen noch auf Hochtouren läuft. Was kann ich tun, als Vorbereitung auf einen erholsamen Schlaf? Zunächst einmal alles weglassen, was mich aufregt und belastet, wie zum Beispiel den spätabendlichen Krimi oder das reichliche Abendessen nach 20 Uhr. Zur Entspannung gibt es viele Möglichkeiten. Je nach Neigung kann man ein „gutes" Buch lesen, erbauliche Musik hören oder einen Abendspaziergang machen.

Zu meiner Vorbereitung gehört regelmäßig eine Bewegung in frischer Luft, mit einem kurzen Spaziergang und einigen Atem- und Bewegungsübungen. Vor dem Einschlafen nutze ich zur Entspannung die Synchronisationsübung (E-3 „Synchronisation" im Übungsabschnitt) Sie entspannt zunächst körperlich, durch die fortlaufende Konzentration auf die Körperbereiche dann auch geistig.

Sich körperlich wohl fühlen

So wie wir in unseren Gefühlen leben, leben wir auch immer in unserem Körper, in unserem Körpergefühl. Und ohne ein gutes Körpergefühl werden wir uns nicht wohl fühlen. Solange wir jung und gesund sind, nehmen wir unseren Körper kaum wahr. Wenn er sich meldet, können wir seine Bedürfnisse entsprechend befriedigen. Wenn wir ihn strapazieren, erholt er sich bald wieder. Aber das bleibt leider nicht so.

Unser Körper ist ein Wunderwerk in der biologischen Entwicklung. Die wichtigsten Lebensvorgänge reguliert er ohne unser Zutun. Seine Gebrauchsanweisung steht nirgendwo geschrieben, zur Sicherheit ist sie im Körper selbst integriert: Alles was gut schmeckt und gut riecht ist gesund, für die Beschaffung von ausreichender Nahrung ist eine ausreichende Bewegung erforderlich.

Diese natürliche Gebrauchsanweisung setzt aber bestimmte Lebensbedingungen voraus, Bedingungen, die über Jahrtausende weit gehend vorhanden waren, heute aber von uns ganz entscheidend geändert wurden.

Im heutigen Supermarkt schmeckt und riecht alles gut, aber meist nur, weil es künstlich „veredelt" wird. Zum Glück ist unser Verdauungssystem sehr tolerant, bestimmte Mengen an Schadstoffen können wir schon verkraften. Zudem macht sich das Alarmsystem der Verdauung meist rechtzeitig bemerkbar, um Schlimmeres zu verhindern

Weitaus gefährlicher ist es für unsere Gelenke, die auf eine ausreichende Bewegung angewiesen sind und durch chronischen Bewegungsmangel geschädigt werden. Von unserem Fehlverhalten werden wir erst aufgeschreckt, wenn die Schädigung der Gelenke bereits begonnen hat.

Durch den großartigen Fortschritt der Technik sind wir eine „Sitzgesellschaft" geworden und bewegen uns entsprechend zu wenig. Mit wenigen Ausnahmen leiden wir heute alle an einem Bewegungsmangel und sind entsprechend gefährdet, unabhängig vom Alter.

Unser wunderbarer Körper hat leider die anatomisch bedingte Besonderheit, dass die Gelenke und Muskeln nur versorgt werden, wenn sie ausreichend bewegt werden. Chronischer Bewegungsmangel bewirkt daher zwangsläufig Gelenkschäden. Diese entwickeln sich über viele Jahre unbemerkt und werden erst dann beachtet, wenn starke Schmerzen auftreten und der Arzt eine Arthrose feststellt. Wer einen sitzenden Beruf ausübt und abends vor dem Bildschirm sitzt, muss damit rechnen, unbemerkt bereits Gelenkschäden zu haben.

Da wir die Bedingungen der natürlichen Gebrauchsanweisung verändert haben, liegt es in unserer Verantwortung, die Gelenke funktionsfähig und gesund zu erhalten. Wenn wir uns nicht genügend bewegen, müssen wir für einen Ausgleich sorgen. Einmal in der Woche sich sportlich zu betätigen reicht dafür nicht aus. Der Ausgleich sollte möglichst täglich stattfinden. Zum Beispiel mit Laufen, Radfahren, Schwimmen oder auch mit einem längeren Spaziergang. Die Art der Bewegung ist nicht so entscheidend, wichtig ist nur, dass es kontinuierlich gemacht wird, also möglichst täglich.

Wer dafür keine Zeit hat, oder schlechtes Wetter scheut, kann den Ausgleich auch mit gezielten Bewegungsübungen zu Hause erreichen. Im Übungsanhang finden Sie eine Zusammenstellung der Übungen, die ich selbst seit einigen Jahren täglich ausführe. Dieses Übungsprogramm ist so zusammen gestellt, dass möglichst alle Körperbereiche angesprochen werden. Alle Übungen sind ausführlich beschrieben und zusätzlich in Skizzenform dargestellt.

Mit diesen Ausgleichsübungen können Sie Gelenkschäden und Durchblutungsstörungen am einfachsten vermeiden. Diese Übungen bieten Ihnen aber noch mehr: Sie werden sich wohler und frischer fühlen. Sie schlafen entspannter und wachen am Morgen mit einem intensiven Wohlgefühl auf.

Nun werden wahrscheinlich Einige dagegenhalten, dass sie genug gesund sind und solche „Turnübungen" nicht benötigen. Aber Bewegungsmangel ist in unserer heutigen Sitzgesellschaft eine „tickende Zeitbombe". Soweit es unsere Gelenke betrifft, kann man abwarten, bis die ersten Beschwerden sich bemerkbar machen. Notfalls kann man sich auch mit einem Gelenkersatz noch wohl fühlen. Aber Bewegungsmangel wirkt sich nicht nur auf unsere Gelenke aus, auch unser Herz und unser Kreislauf leiden darunter.

Wie jeder andere Muskel „schrumpft" auch unser Herzmuskel, wenn er nicht ausreichend aktiviert wird. Und die daraus entstehende Herzschwäche kann sich auch durch Beschwerden bemerkbar machen, häufig aber erst, wenn es zu spät ist. Stärken Sie Ihr Herz rechtzeitig durch ausreichende Bewegung.

In welchem Umfeld wir leben, hängt von vielen Faktoren ab, unser Einfluss darauf ist beschränkt. Aber wir leben immer in unserem Körper und ob wir uns darin wohl fühlen, hängt in erster Linie von uns selbst ab.

Liebe

Das Wort „Liebe" hat für uns den höchsten Stellenwert. In unserem Sprachgebrauch verwenden wir diesen Begriff in allen möglichen Zusammenhängen. Ich kann alles lieben, Menschen, Tiere, Pflanzen und auch Gegenstände. Aber „lieben" wir dann wirklich, oder verwenden wir diesen Begriff nicht in erster Linie, wenn wir etwas besonders „mögen"?

Was ist Liebe? ist sie etwas Existentielles, oder nur ein Wort für etwas, was wir positiv und schön finden? Jesus hat die Liebe als höchste Form des Lebens gepredigt. Aber nach zwei Tausend Jahren sind wir offensichtlich von dieser Lebensform immer noch weit entfernt. Ist diese Liebe uns überhaupt zugänglich?

Unsere Weisheitslehrer machen uns da wenig Hoffnung. Für **Krishnamurti** (*Einbruch in die Freiheit*) hat Liebe eine andere, eine besondere Dimension, zu der wir nur dann einen Zugang finden, wenn wir alles auslöschen, was wir unter Liebe verstehen. Für **Taylor Moone** (*Der Seelen Code*) ist die Liebe ein Zustand, in dem wir frei sind von Absichten und Urteilen. Für ihn ist Liebe weder äußere Zuwendung noch ein inneres Gefühl. Danach muss Liebe bedingungslos sein.

Vor diesem Hintergrund könnte man jetzt sagen, dass wir das Wort „Liebe" in allen möglichen Varianten missbrauchen. Aber ich sehe das nicht so kritisch. Der Begriff „Liebe" ist nun einmal ein fester Bestandteil in unserem Sprachgebrauch und drückt etwas Positives aus. Warum sollte ich nicht sagen: „Ich liebe meine Familie, mein Auto oder mein Haus", wenn ich damit meine positiven Gefühle dafür ausdrücken möchte.

Liebe in der Partnerschaft

Kritisch wird dieser Sprachgebrauch allerdings in der Partnerschaft. Wenn mich mein geliebtes Auto im Stich lässt, wird es verschrottet. Vielleicht habe ich bereits vorher mit einem neuen Auto „geliebäugelt". In der Partnerschaft hat Liebe eine viel umfassendere Bedeutung. Sie reicht von Zuneigung über Dauer und Treue bis hin zum Besitzanspruch. Hier wird der Begriff Liebe sehr strapaziert und häufig missbraucht, obwohl er gerade hier einen sehr hohen Stellenwert hat.

Es beginnt mit dem beiderseitigen „verliebt sein". Das ist zwar keine bedingungslose Liebe, aber ein bedingungsloses Gefühl, das stärker ist als der Verstand. Wenn der Weg frei ist für eine Partnerschaft, folgt eine Zeit der Glücksgefühle ohne jegliche Probleme. Das einzig Wichtige ist das Zusammensein mit dem Partner einschließlich der körperlichen Höhenpunkte.

Dieser Zustand kann lange Zeit anhalten, setzt aber voraus, dass das gemeinsame Interesse erhalten bleibt. Sobald unterschiedliche Auffassungen und Wünsche aufkommen, verliert die Gemeinsamkeit an Bedeutung. Und die Frage, ob man überhaupt „zusammen passt", spielte in der Phase des „verliebt seins" keine Rolle.

Auch wenn die magische Anziehungskraft des „verliebt seins" nicht mehr wirksam ist, bleibt doch das innige Verhältnis der Partner erhalten. Irgendwann wird dann aber der Fehler gemacht, wenn der Partner fragt: „Liebst du mich noch"? Was soll der Gefragte jetzt antworten? Das was er als Liebe empfunden hat ist verflogen. Ehrlich müsste er sagen, dass er sie oder sie ihn immer noch mag und begehrt. Aber die Antwort lautet: „Natürlich liebe ich dich noch".

Nun werden Sie diese verzeihliche Lüge nicht weiter wichtig nehmen. Aber auch solche Lügen sind doch nicht notwendig. Und was wäre passiert, wenn die Frage nach der Liebe verneint worden wäre? mit Sicherheit ein Partnerkrach. Mit dem Märchen von der ewigen Liebe sollten wir aufhören und besser das benennen, was eine dauerhafte Partnerschaft ausmacht: **Innere Verbundenheit und gegenseitige Achtung**.

Darin eingeschlossen ist dann auch die Beachtung von Wünschen und Bedürfnissen des Partners. Gerade im sexuellen Bereich kommt es häufig zu unterschiedlichen Bedürfnissen. Aus traditioneller Scheu will man darüber nicht reden, reagiert aber überempfindlich und fühlt sich zurück gestoßen, wenn der Andere auf Andeutungen nicht eingeht. Durch eine offene Abklärung der gemeinsamen Möglichkeiten, könnten viele Zerwürfnisse und Trennungen vermieden werden.

Verliebt sein

Worin unterscheidet sich „verliebt sein" von der Liebe? In unserer allgemeinen Vorstellung von Liebe ist „verliebt sein" der Inbegriff von Liebe. Ich muss nicht erläutern, welche wunderbaren Glücksgefühle damit einhergehen. Aber ist das tatsächlich Liebe, oder nur ein berauschendes Begehren, das uns die Sinne trübt?

Nüchtern betrachtet ist das „verliebt sein" ein kultiviertes Vorspiel zur Paarung. Ähnliches geschieht auch in der Tierwelt, wobei wir die Gefühle der Tiere nur erahnen können. Dieser Vergleich ist keineswegs negativ gemeint, er soll unterstreichen, das dieser Vorgang naturbedingt, und wenn Sie wollen auch gottbedingt ist, zur Erhaltung des Lebens.

Es gibt dabei aber eine wesentliche Unterscheidung zwischen Mensch und Tier. Im Gegensatz zur gängigen Meinung, kann der Mensch entscheiden, ob er sich verliebt oder nicht. Es geht nicht um die Zuneigung zum Anderen, die entsteht von selbst. Aber der Übergang zur Verliebtheit ist von meiner Entscheidung abhängig. Eine solche Entscheidung geht gegen aufkommende Wunschgefühle und muss daher rechtzeitig erfolgen. Teenager sind weniger dazu in der Lage und werden eher ihren Gefühlen folgen.

In vielen Partnerschaften passiert jedoch folgendes: „Schatz, es tut mir so leid, aber ich habe mich in eine Andere verliebt". Fast kommen dabei schon die Tränen, bei diesem Schicksalsschlag aus heiterem Himmel. Aber so ist das nicht. Bis auf einige Ausnahmen geht dem immer eine nicht befriedigende Beziehung voraus, die eine Öffnung für eine neue „Liebe" verursacht. Die Macht der Liebe in dieser Form gibt es nicht, auch wenn sie von der Gesellschaft eher akzeptiert wird. Es sind unbefriedigte Bedürfnisse, die nach Erfüllung drängen. Aber noch einmal, die Entscheidung, ob ich mich verlieben will, liegt allein bei mir.

Sexualität:

Die allgemeine Einstellung zur Sexualität hat sich zwar in den letzten Jahren wesentlich verändert, aber Sex ist weiterhin ein Tabu-Thema, über das man möglichst nicht spricht. Leider auch nicht in der intimen Partnerschaft, obwohl da einiges zu besprechen wäre.

Nun bietet uns die Sexualität mit dem Orgasmus das Höchste an Gefühlen und niemand wird darauf verzichten. Aber die natürliche Zuordnung der Sexualität in unserem Leben ist auch heute noch nicht selbstverständlich. Da ist zunächst die Diskriminierung der Sexualität im Alter. Ausgetrocknete, so genannte Weisheitslehrer finden Sex im Alter hässlich. Andere empfehlen, mit zunehmendem Alter die Sexualenergie zu „sublimieren", das heißt, den Sex zu vergeistigen und auf die Ausführung zu verzichten.

Solche Ansichten sind nicht nur unsinnig, sie gefährden sogar die psychische und körperliche Gesundheit. Es gibt wissenschaftliche Studien, wonach regelmäßiger Orgasmus das Leben verlängert und vor allem Prostataerkrankungen wesentlich vermindert. Der natürliche Sexualtrieb hört nicht mit der Menopause oder mit der Pensionierung auf, die Sexualität hat im Alter die gleiche Berechtigung, wie in jüngeren Jahren.

Eine veröffentliche Umfrage dürfte die Enkel verwundern. Danach sollen über 60 Jährige häufiger Sex miteinander haben, als unter 25 Jährigen, was sicherlich auch mit der Angst vor einer Schwangerschaft zu tun hat. 60 % der über 75 Jährigen halten weiterhin den Sex für sehr wichtig. Wobei der Wunsch nach körperlicher Nähe, eine größere Bedeutung hat, als sexuelle Spitzenleistungen.

Sexuelles Verhalten betrifft uns von der Pubertät bis zum Lebensende. Es ist ein natürlicher Bestandteil unseres Lebens, vergleichbar mit dem Essen und Trinken, wenn auch nicht so häufig. Gesellschaftlich und vor allem kirchlich wird die Sexualität aber immer noch eingegrenzt auf die Ehe und zum Zweck der Fortpflanzung.

Sicherlich haben wir die Sexualität mit bekommen um immer wieder neues Leben zu erzeugen. Und um das sicher zustellen besitzen wir auch den großen Anreiz der Sexualität für unsere schönsten Gefühle. Aber unsere Sexualität ist ja nicht beschränkt auf eine Paarungszeit wie bei einigen Tierarten. Wir haben uns diese Sexualität weder ausgesucht noch gewünscht, sie ist uns angeboren als ein naturbedingtes Privileg des Menschen. Und sollte der Mensch von Gott erschaffen sein, so wäre die Sexualität auch gottgewollt.

Bei der Einhaltung von ethischen und humanen Grundsätzen sollten wir die Sexualität nutzen und mit reinen Herzen auch genießen dürfen. Dabei geht es mir nicht um die so genannte „freie Liebe" oder den neuzeitlichen „Dates", das widerspricht unserem partnerschaftlichen Empfinden. Ich möchte die Sexualität aus der „Schmuddelecke" herausholen, sie als normalen Bestandteil unseres Lebens einordnen.

Keuschheitsgebot: Und das fällt vor allem der katholischen Kirche schwer. Das Keuschheitsgebot der Priester ist nicht nur unsinnig, sondern fördert auch abartiges Verhalten. Was als Vertiefung der Frömmigkeit gedacht ist, entspricht aber mehr einer „Versündigung" gegen die menschliche Natur, aber auch gegen den Priester selbst. Bei jedem gesunden Menschen spielt der Sexualtrieb eine wesentliche Rolle. Und der verschwindet nicht mit der Priesterweihe, es ist kaum möglich dieses Gebot einzuhalten. Er kann sich nur entscheiden zwischen dem Leiden unter Verzicht oder der „Sünde" mit den entsprechenden Schuldgefühlen.

Die Dynamik der Sexualität liegt in der Anziehungskraft zweier unterschiedlich empfindender Partner. Dem entsprechend wird die Sexualität in der Partnerschaft in unserer Gesellschaft weitgehend sanktioniert. Aber unsere Sexualität begleitet uns von der Pubertät bis ins hohe Alter. Und da gibt es längere Lebensphasen, in denen es keinen Partner gibt.

Pubertät: Die kritische Phase der Jugendlichen, ohne Partner mit ihrer Sexualität zurechtzukommen, hat sich in den letzten Jahrzehnten sehr wesentlich verkürzt. Das Tabu für vorehelichen Sex hat heute keine Bedeutung mehr, abgesehen von einigen Religionsfanatikern. Trotzdem reicht die kritische Zeit aus, um Schuldgefühle entstehen zu lassen, die lebenslang weiter wirken können.

Eine anatomische Aufklärung ist zwar wichtig, aber sie reicht nicht aus, das aktuelle Problem zu lösen. Der einfachste Weg, solche Schuldgefühle zu vermeiden, ist die rechtzeitige elterliche Zustimmung: „ Wenn du dich selbst befriedigen möchtest, dann ist das für uns vollkommen in Ordnung". Sicherlich fällt es vielen Eltern sehr schwer, so offen mit ihren Kindern zu sprechen, obwohl sie wissen, dass ihr Kind bereits onaniert.

Einige Eltern haben vermutlich noch die Warnungen aus ihrer eigenen Jugend in Erinnerung, wonach durch onanieren das Gehirn geschädigt wird, oder auch andere Körperschäden befürchtet werden müsse. Dass diese Sorge unberechtigt ist, dürfte allgemein bekannt sein. Aber die Onanie hat weiterhin den Makel eines unnatürlichen Verhaltens, eines Verbotenes bei dem man sich schuldig fühlen kann.

Sex im Alter: Auch im Alter gibt es die Lebensphase, ohne einen Partner mit der Sexualität zurechtzukommen. Bleibt ein Partner allein, kann er selbst entscheiden, ob und wie er seine Sexualität befriedigen will. Komplizierter ist es, wenn ein Partner den Sex nicht mehr mag. Dem anderen Partner fällt es schwer, dafür

Verständnis zu haben. Viel eher fordert er sogar das Verständnis für seine Bedürfnisse und fühlt sich abgelehnt.

In dieser Situation ist es wichtig, die unterschiedliche Wahrnehmung der Sexualität zu beachten: Solange ich selbst sexuelle Bedürfnisse empfinde, ist Sexualität etwas Angenehmes. Sobald aber solche Bedürfnisse nicht mehr da sind, wirkt Sexualität abstoßend, vor allem wenn sie aufgedrängt wird. Wenn das nicht beachtet wird, geht auch die gegenseitige Zuneigung verloren. Das schließt aber nicht aus, dass der bedürfnislose Partner auch Verständnis für die weiterhin bestehenden Bedürfnisse des anderen Partners hat.

Eifersucht

„Eifersucht ist eine Leidenschaft, die mit Eifer sucht, was Leiden schafft". Besser kann man die Eifersucht nicht beschreiben. Und das Leiden kann sehr intensiv sein, mit den schlimmsten Reaktionen. Liebe kann in Hass umschlagen, der die Vernunft vernebelt und kaum beherrschbar ist. Eifersucht ist die häufigste Ursache für das Ende einer Partnerschaft. Bei schweren Gewaltverbrechen, zum Beispiel bei Mord, ist neben Geldgier auch die Eifersucht das häufigste Motiv.

Gegen das Gefühl der Eifersucht gibt es kein Mittel und vernünftige Argumente bleiben wirkungslos. Nur im Vorfeld, vielleicht auch noch bei aufkommender Eifersucht, gibt es eine Chance diesen Zustand zu vermeiden. Aber auch das ist schwierig, es geht um den Wert der Liebe. Eifersucht basiert auf einem Besitzanspruch und der hat mit Liebe eigentlich nichts zu tun, „richtige" Liebe ist bedingungslos.

Aber bedingungslose Liebe bleibt ein Wunschtraum und ist in unserer Gesellschaft nur eine Utopie. In unserer heutigen Vorstellung gehört der eine Partner schon dem Anderen. Insofern bietet auch die so genannte „freie Liebe" keine gute Lösung. Für eine Auflösung der Eifersucht, oder zumindest für eine Begrenzung, gibt es nur die Alternative: zu verzeihen oder sich zu trennen. Welche der beiden Möglichkeiten gewählt wird, ist einmal von der „Stärke der Liebe" abhängig und zum andern natürlich auch von der tatsächlichen Grundlage der Eifersucht.

Solange sich die Partner gegenseitig vertrauen, gibt es keine Eifersucht. Vertrauen ist jedoch ein sehr sensibles Gefühl, das leicht zerstört werden kann. Manchmal reicht schon eine harmlose Bemerkung über das gute Aussehen einer anderen Person, um Misstrauen zu erwecken. Beim nächsten Mal wird sich der Betroffene überlegen, was er seinem Partner erzählt und was er nicht sagen darf. Das ist zwar nicht weiter tragisch, aber die Ehrlichkeit und das Vertrauen untereinander werden dadurch schon zwiespältig.

Wenn dann tatsächlich einmal ein „Ausrutscher" passiert, wird die Ehrlichkeit zu einem richtigen Problem. Der schuldige Partner wird nicht darauf vertrauen, dass ihm geglaubt und verziehen wird, also schweigt er. Die Frage ist, wie er selbst damit zu Recht kommt. Die innere Verbundenheit ist für ihn nicht mehr da, die Vertraulichkeit kann er nur noch vorheucheln. Er wird anfällig für die Nähe eines neuen Partners, oder er friert seine Sensibilität ein, und lebt mit „halbem Herzen".

Ob ein ehrliches Bekenntnis besser ist, lässt sich nicht voraussagen. Das Vertrauen wäre erst einmal vollkommen zerstört und die Partnerschaft zerrüttet. Die Chance für einen Neuanfang wäre aber nicht ausgeschlossen.

Die Grundlage der Eifersucht ist jedoch der Besitzanspruch, der alleinige Anspruch auf die Zuneigung und Sexualität des Partners. Das hat sich gesellschaftlich bewährt und für die Ehe ist das sogar rechtlich verankert. Auch in unser Empfinden hat sich das eingeprägt. Aber entspricht dies auch der Natur des Menschen, die eigene Identität in der Partnerschaft aufzugeben? Und wird ein sexueller „Ausrutscher" als unverzeihlicher Fehler nicht über bewertet? Sicherlich ist dies in der Partnerschaft für unser Gefühl der schlimmste Fehler. Aber es wäre hilfreich zu beachten, dass dieses Gefühl weniger aus verletzter „Liebe" entsteht, sondern vor allem als Verstoß gegen den eigenen Besitzanspruch empfunden wird.

Liebe nur ein Begriff?

Nach unserem Sprachgebrauch können wir alles Mögliche lieben, in vielen Varianten und mit unterschiedlicher Intensität. Zugegeben, wenn ich von Liebe spreche, scheint mich jeder sofort zu verstehen. Aber in Wirklichkeit weiß keiner so recht was Liebe ist. Sie kennen die netten Sprüche: Liebe ist, wenn man das tut oder lässt und ähnliches. Liebe ist ein abstrakter Begriff, der nur unzureichend mit Umschreibungen definiert werden kann. Auch die Definitionen der Weisheitslehrer sind nur Andeutungen und sagen nicht aus, was Liebe „ist".

Wenn wir sagen, Liebe „entsteht" aus Zuneigung, ist Liebe eine Steigerungsform von Zuneigung. Wenn ich etwas liebe, könnte ich auch sagen, ich mag etwas sehr gern, danach wäre lieben eine Steigerungsform von mögen. Das klingt vielleicht nach Haarspalterei, aber ich bezweifle ernsthaft, ob es „die Liebe" überhaupt gibt. Ist Liebe im Grunde nur ein Synonym, ein Sammelwort für einige Steigerungsformen, ohne eigene Substanz und Eigenwert?

Bei den Tieren verwenden wir statt Liebe den Begriff „Instinkt". Es sei denn, wir vermenschlichen unsere Haustiere. Der Hund ist lieb, wenn er gehorcht. Beide Begriffe beinhalten ähnliche Verhaltensweisen. Der Unterschied besteht darin, dass wir Menschen auf dem Evolutionsweg unsere Verhaltensweisen „kultiviert" haben, aus zweckdienlichen Gründen, entsprechend der Weiterentwicklung unserer Vernunft. Waren Kannibalen keine, oder noch keine Menschen, weil sie sich ähnlich wie Tiere verhielten und sich gegenseitig verspeisten? Oder war ihre kulturelle Entwicklung nur rückständig?

Ich folgere daraus, dass Liebe ein Begriff für eine besonders kultivierte Verhaltensweise im Zusammenleben von uns Menschen ist. Zu Recht kann man sich an diesem Kulturgut erfreuen, kann es auch lobpreisen. Aber kann man es auch anbeten? Wenn gemeinsam gesungen wird: „Ich bete an die Macht der Liebe", wird es unheimlich feierlich und tief ergriffen kommen die Tränen. Diese üblich gewordene Zeremonie bei einem Ehre bietenden Abschied, mag für einige ein schönes Erlebnis sein, aber für viele nur eine Pflichterfüllung.

Etwas schwieriger wird es bei der Verknüpfung von Gott und Liebe und wenn Liebe zur Himmelsmacht wird. In den Religionen gibt es für diese Verknüpfung die unterschiedlichsten Varianten. Sie reichen von Gott gleich Liebe und alles ist aus Liebe erschaffen, bis zum Schöpfer, der selbst keine Liebe schöpfen kann, die muss sich erst in seinen Geschöpfen entwickeln. Eine andere Variante besagt, Gott möchte bedingungslos von seinen Geschöpfen geliebt werden und das sei das alleinige Ziel der Schöpfung.

Ich sehe keinen Ansatzpunkt, einer dieser Varianten zu folgen. Das sind fromme Wunschträume und Vorstellungen, die immer noch auf dem alten Gottesbild vom liebenden Vater basieren. Eine höhere Macht, die ich nicht kenne und die ich mir auch nicht vorstellen kann, die kann ich nicht lieben. Wer das von sich behauptet, lebt in einer Phantasiewelt. Wenn ich von der Existenz dieser höheren Macht überzeugt bin, kann ich sie als etwas Besonderes achten, kann mich öffnen und versuchen, eine innere Verbundenheit aufzubauen. Vielleicht kann ich auch dankbar sein und beten, aber das alles hat mit Liebe nichts zu tun.

Ist nun „Liebe" nur ein Begriff? Ich meine schon, Liebe ist ein Begriff für mein Gefühl und dieses Gefühl existiert nur in mir. Nüchtern betrachtet besteht Liebe lediglich in unserer eigenen Reaktion auf die Reize des Objektes. Das bedeutet aber keineswegs die große Bedeutung der „Liebe" für unser Leben abzuschwächen. Zu lieben ist das Schönste und Größte, was uns Menschen gegeben ist und uns erst das Leben lebenswert macht.

Aber wir dürfen uns von der Liebe keine Fehlvorstellungen machen, weil sonst Enttäuschung und Ärger die Folgen wären und Liebe in das Gegenteil umschlägt. Wir neigen dazu, unter Liebe etwas „sentimentales" zu verstehen, dass ohne unser Einfluss kommt oder geht. Aber vor allem in der Partnerschaft setzt Liebe Empathie voraus, die richtige Vorstellung vom Ich des Anderen. Das Wissen um das, was diesem angenehm ist oder unangenehm und in welchem Grad.

Auch die Gebote, die von uns Menschen die Liebe verlangen, sind Fehlvorstellungen. Das Entstehen der Gefühlsreaktion Liebe ist abhängig von bestimmten Voraussetzungen. Und wenn die nicht erfüllt sind, kann ich willentlich keine Liebe erzwingen. Unabhängig davon, ob ich überhaupt einen freien Willen habe. Solche, nicht erfüllbaren Gebote bewirken nur Heuchelei. Weil ich nicht als schlechter Mensch angesehen will, komme ich an der Heuchelei nicht vorbei und finde mich dabei in bester Gesellschaft. So wird Heuchelei zur Tugend erhoben.

Es gibt allerdings auch viele Menschen, die allen Ernstes sich bemühen, das Gebot der Nächstenliebe zu erfüllen. So lobenswert das auch ist, es geschieht aber weniger aus Mitleid, als vielmehr aus der Angst vor den Strafen im Jenseits, oder zur Verbesserung ihres Ansehens. Wenn uns gesagt wird: liebe deinen Nächsten, wie dich selbst, kann man Vieles dahinein interpretieren. Das scheint uns zwar verständlich, setzt aber wieder voraus, dass ich willentlich lieben kann und dass ich mich zuvor selbst lieben muss.

Dabei gilt die Selbstliebe als Egoismus und die Nächstenliebe als Altruismus oder Selbstlosigkeit. Aber auch diese geläufige Trennung ist eine Fehlvorstellung. Es gibt keine echte Selbstlosigkeit, mit guten Taten wollen wir auch für uns etwas Gutes tun. Die Freude des andern bereitet uns auch Freude. Wenn wir dem anderen helfen können, sein Befinden zu verbessern, wird sein Wohlergehen auch uns erfreuen. Die gute Tat beruhigt nicht nur das Gewissen, sie hebt auch das Selbstwertgefühl. Daher bleibt die „Selbstlosigkeit" immer ichbezogen.

Gefühle können sehr mächtig sein und auch mein Denken und Tun beeinflussen. In diesem Zusammenhang kann man auch von der „Macht der Liebe" reden. Wie alle Gefühle ist aber auch das Gefühl der Liebe nicht auf Dauer angelegt und von verschiedenen Faktoren und Bedingungen abhängig. Die dauerhafteste Form der Liebe ist sicherlich die Mutterliebe. Eine Mutter wäre bereit, sich notfalls für ihr Kind zu opfern. Allerdings kennen wir das auch aus dem Tierbereich. Dort nennen wir es nicht Liebe, sondern naturbedingte Verbundenheit und Verantwortung.

In der Partnerschaft beschränkt sich die Zeit der Liebe auf den Zustand des „Verliebt seins". Wie lange der anhält, ist wesentlich von der Dynamik der sexuellen Anziehungskraft abhängig. Und wenn die verflogen ist, was kommt danach? Warum halten die meisten Partnerschaften über Jahrzehnte? Nennen Sie es meinetwegen weiterhin „Liebe", oder vielleicht auch Gewohnheit. Aber das sind hierfür nur leere Begriffe. Die Basis für eine dauerhafte Partnerschaft ist die innere Verbundenheit der Partner, ihre gegenseitige Achtung und vor allem Empathie.

Empathie

Nicht Liebe ist die existentielle Voraussetzung für ein zufrieden stellendes Miteinander, sondern Empathie. Empathie ist die Basis für eine „liebevolle" Beziehung, mit oder auch ohne eine sexuelle Anziehungskraft. Das ist zwar kein ganz neuer Begriff, aber in unserem Sprachgebrauch noch wenig üblich. Allgemein wird Empathie mit Mitgefühl gleich gesetzt, aber das wird der Bedeutung der Empathie nicht gerecht. Vor dem Mitfühlen steht meine Bereitschaft, die Gefühle, Motive und Absichten des Anderen nachzuvollziehen und zu beachten. Dazu ist jeder fähig, der sich darum bemüht.

Um dann tatsächlich mitzufühlen, das gleiche zu fühlen wie der Andere, das setzt eine bestimmte Einstellung und Veranlagung voraus, das ist nicht jedem möglich. In der heutigen Psychologie unterteilt man die Empathie in drei Bereiche, in die kognitive Empathie, emotionale Empathie und soziale Empathie.

Danach versteht man unter **kognitiver Empathie,** wahrzunehmen und zu verstehen, was in einem anderen vorgeht. Das geschieht auf rationaler Ebene ohne die Gefühle des Anderen selbst nachzuempfinden. Dazu erforderlich ist die innere Zuwendung und Achtsamkeit. Die Bedeutung der kognitiven Empathie beschränkt sich nicht nur auf die partnerschaftliche Beziehung, sie kann ganz allgemein den Umgang mit Menschen verbessern. Wenn ich befähigt bin, die Gefühlswelt eines anderen zu verstehen, kann ich mich auf sein zukünftiges Verhalten besser einstellen. Kognitive Empathie ist erforderlich, um Verhandlungen erfolgreich zu führen oder Konflikte konstruktiv zu beenden.

Darin liegt aber leider auch eine große Gefahr in der kognitiven Empathie. Sie wird in Werbung, Medien und Politik gezielt genutzt, um uns zu manipulieren. Gerade heute erleben wir, wie ei-

111

nige machtgierige Populisten diese Form der Empathie besonders gut beherrschen.

Bei der **emotionalen Empathie** versteht man nicht nur die Gefühle des Anderen, sondern erlebt sie selbst mit. Dabei gibt es für dieses Mitfühlen Unterschiede in der Intensität. Über ein gewisses Maß an Mitgefühl verfügt jeder Mensch. Aber nicht alle sind in der Lage, genau so zu empfinden und zu fühlen, wie es der Andere tut. Bei besonders sensitiven Menschen kann das Mitfühlen zum Mitleiden werden. Sie reagieren automatisch auf die Gefühle des Anderen und übernehmen auch die jeweilige Stimmungslage.

Die **soziale Empathie** ermöglicht ein besseres Verständnis für komplexe Zusammenhänge und für Menschen unterschiedlicher Herkunft. Menschen mit sozialer Empathie fällt es leichter mit Niederlagen und schlechter Stimmung umzugehen. Sie sind auch weniger stark auf Lob und Anerkennung von außen angewiesen.

Diese Aufteilung der Empathie in drei Bereiche ist jedoch nur ein Hilfsmittel, unterschiedliche Schwerpunkte darzustellen. Die Übergänge der Bereiche sind fließend, und im Normalfall verfügt jeder über alle Bereiche, lediglich mit unterschiedlicher Intensität.

Wie lässt sich Empathie in die Bedeutung für unsere zwischenmenschlichen Beziehungen einordnen? Unser bewusstes Erleben ist überwiegend mit Beziehungen verknüpft, geschäftlich, freundschaftlich und vor allem in der Partnerschaft. Dem entsprechend ist unser Wohlbefinden auch davon abhängig, wie gut und wie dauerhaft unsere Beziehungen verlaufen.

Wenn ich meinen Nächsten immer „lieben" könnte, wäre das sicherlich eine gute Basis. Aber das ist illusorisch und selbst in einer ehelichen Partnerschaft nicht möglich. Und wenn es nicht die Liebe ist, was hält dann jahrzehntelang die meisten Beziehungen zusammen? Es ist die Gewöhnung an das Zusammenleben, allerdings eine besondere Art der Gewöhnung. Es ist die gegenseitige Empathie, die sich mit den Jahren verstärkt und eine innere Verbindung und Abhängigkeit entstehen lässt.

IV Übungen

Grundlagen und Anwendung

Wie bereits in den obigen Abschnitten erläutert, ist für mich das Wertvollste im Leben, sich möglichst immer wohl zu fühlen. Das schließt nicht aus, dass ich mich an Reichtum und Besitz, an Liebe und Freundschaft auch erfreuen kann. Aber alles was ich anstrebe oder tue, sollte mit einem guten Gefühl verbunden sein. Und das nicht nur als ethische Richtschnur, sondern aus ureigenstem Interesse. Nichts ist uns so nah, wie unser Gefühl.

Die Grundlage für unser Wohlgefühl ist das Wohlfühlen in unserem Körper. Solange wir keine Beschwerden haben, fühlen wir uns in unserem Körper wohl, auch wenn uns das weniger bewusst ist. Wir gehen davon aus, dass dies auch bis ins hohe Alter so bleibt, wenn wir nichts übertreiben. Aber das ist leider nicht so. Was wir heute für normal halten, ist für unseren Körper keineswegs normal.

Wir vergiften ihn täglich mit den „veredelten" Lebensmitteln und auch mit zu vielen Medikamenten. Wir sitzen zu viel und bewegen uns zu wenig und nehmen dadurch in Kauf, dass unsere Muskeln und unsere Gelenke allmählich verkümmern und ihre Funktion verlieren. Unsere Ernährung zu verbessern, fällt uns schwer und ist zudem auch von Geld abhängig. Aber für eine ausreichende Bewegung zu sorgen, sollte jedem möglich sein.

Für das Wohlfühlen hat die Bewegung eine doppelte Bedeutung. Durch ausreichende und richtige Bewegung werden nicht nur unnötige Beschwerden verhindert, es ist auch die einfachste Form, sich intensiv körperlich wohl zu fühlen. Wegen dieser großen Bedeutung von Bewegung für unser Wohlempfinden, nehmen die Bewegungsübungen den größten Platz ein.

Allein schon aus gesundheitlichen Gründen ist eine ausreichende Bewegung unbedingt notwendig. So wie wir täglich ausreichend essen und trinken, müssen wir uns auch täglich ausreichend bewegen. Aus anatomischen Gründen werden unsere Gelenke, genauer gesagt unsere Gelenkknorpel nur bei Bewegung ernährt. Für Essen und Trinken haben wir den natürlichen Antrieb über Hunger und Durst, unsere Gelenke können sich erst über Beschwerden melden, wenn Folgeschäden entstanden sind.

Es sind aber nicht nur die Gelenke, die durch Bewegungsmangel gefährdet sind. Auch unser Herz und unserer Kreislauf leiden darunter. Wie jeder andere Muskel schrumpft auch der Herzmuskel, wenn er vernachlässigt wird. Und das kann noch gefährlicher werden als ein Gelenkschaden. Auch Herzprobleme nehmen wir erst wahr wenn das Herz bereits geschwächt ist, und das kann manchmal schon zu spät sein.

Unser Herz ist der Motor unseres Lebens, ein Hochleistungs-Motor, der ununterbrochen, ohne jegliche Inspektion oder Wartung, unser gesamtes Leben „läuft". Aber ob dieser Motor schwach oder stark „läuft", hängt davon ab, wie wir ihn nutzen und fordern, eben durch ausreichende Bewegung.

Welche Möglichkeiten gibt es, unseren chronischen Bewegungsmangel sinnvoll auszugleichen? Wer möglichst täglich läuft, schwimmt oder Rad fährt, benötigt zusätzlich keine Ausgleichsübungen. Für alle anderen, die das nicht können oder wollen, sind aber Ausgleichsübungen erforderlich.

Das müssen nicht unbedingt meine empfohlenen Übungen sein, es gibt viele andere gute Übungsprogramme, die Ihnen vielleicht besser gefallen. Sie können auch Ihr eigenes Übungsprogramm zusammenstellen. Wichtig ist, dass Sie sich ausreichend bewegen und das täglich.

Ergometer: Eine brauchbare Alternative bietet das Ergometer, das Standfahrrad. Damit wird das Fahrradfahren auch bei Regenwetter möglich. Achten Sie beim Kauf eines Ergometers darauf, nicht unnötig viel Geld für den Herstellernamen ausgeben. Je mehr Technik diese Geräte haben, umso anfälliger sind sie.

Quälen Sie sich nicht mit höheren Belastungsstufen, es reicht aus, wenn Sie auf der niedrigsten Stufe täglich 5 bis 10 Minuten „fahren". Damit bewegen Sie fast Ihren gesamten Körper. Für Ihre Schultergelenke machen Sie anschließend noch einige Lockerungsübungen, zum Beispiel das Armschwingen.

Ob Sie nun mit dem Ergometer „trainieren", oder das folgende Übungsprogramm durchführen, sollten Sie in jedem Fall noch folgendes tun: **Gehen Sie möglichst täglich noch 5 bis 10 Minuten spazieren.**

Sie könnten dabei auch das „Ballengehen" ausprobieren. Im Gegensatz zum üblichen „Fersen- oder Hackengehen" soll das Ballengehen in vieler Hinsicht gesundheitsfördernd sein, sowohl körperlich als auch psychisch. Es soll auch unserem natürlichen Bewegungsablauf entsprechen. Allerdings gehen wir und 99% der Menschheit von Kindheit an über die Hacken, beziehungsweise rollen den Fuß nach vorne ab. Nur als Baby haben wir unsere ersten Schritte über unsere Ballen gemacht. Heute geschieht das nur in Ausnahmefällen, wie zum Beispiel beim Tanzen oder im Wettkampf beim Boxen.

Ballengehen bedeutet jedoch nicht, dass wir wie als Baby nur über die Ballen „tapsen", man geht dabei schon über den ganzen Fuß. Nur das aufsetzen des Fußes ist anders, also statt Hacke jetzt Ballen. Dadurch wird beim Ballengang die Körperlast von der Muskelkette aufgefangen und nicht mehr über das Knochengerüst. Beim Barfußgehen lässt sich das gut feststellen. Wenn wir dabei mit der Hacke aufsetzen, spüren wir die „Erschütterung" im ganzen Körper.

Weil wir ein Leben lang anders gegangen sind, fällt uns aber eine Änderung sehr schwer. Auch unsere stabilen Schuhsohlen mit Absätzen stehen uns dabei im Wege. Für einen Ballengang würden wir andere Schuhe benötigen, Schuhe mit flacher und biegsamer Sohle. Auch unsere Muskeln müssten sich erst daran gewöhnen. Ich halte es sehr wohl für möglich, dass der Ballengang sich positiv auf unsere Gesundheit und unser Wohlempfinden auswirken kann. Aber aus eigener Erfahrung kann ich dazu noch nichts beitragen, ich habe erst seit kurzer Zeit versuchsweise damit begonnen

Das folgende Übungsprogramm ist mein persönliches Programm, das ich seit vielen Jahren täglich ausführe. Es trägt wesentlich dazu bei, dass ich jetzt im höheren Alter noch sehr gut beweglich und beschwerdefrei bin. Die einzelnen Übungen sind Bestandteile meiner langjährigen Behandlung von Gelenkproblemen meiner Patienten.

Welche Voraussetzungen sollten wirksame Ausgleichsübungen erfüllen? Zum Vergleich nehme ich die ideale Ausgleichsübung, den Waldlauf. Der Waldlauf bietet folgende besondere Merkmale: Die Gelenke werden bewegt bei einer ausgewogenen Belastung – alle Muskeln des Bewegungsapparates werden an- und entspannt – die Atmung wird vertieft und die Sauerstoffaufnahme verstärkt – durch Anstrengung und Bewegung wird der Kreislauf angeregt.

In meinem Übungsprogramm finden Sie diese Merkmale wieder. Im Vordergrund steht die Bewegung der Bein- und Fußgelenke. Aber auch der gesamte Bewegungsapparat wird angesprochen. Ein wichtiger Bestandteil ist die Atmung. Nicht nur im Sitzen, sondern immer atmen wir nur „flach", der größte Teil der Lungen wird kaum genutzt. Daher wird in den Übungen die Tiefatmung in mehreren Varianten ausgeführt, um die Lungen zu belüften.

Die Atemübungen und die Standübungen sollten möglichst im Freien durchgeführt werden, zu mindest bei geöffnetem Fenster. Der Zeitpunkt für die Übungen spielt keine Rolle, allerdings nicht unmittelbar nach dem Essen. Sie brauchen für die Übungen keine Vorbereitung. Die Gesamtzeit für alle Übungen beträgt nur wenige Minuten.

Die in den Übungsbeschreibungen genannten Häufigkeiten, sind empfohlene Richtwerte, mit denen Sie die Wirksamkeit der Übung ohne Überanstrengung erreichen können.

Übersicht der Standardübungen

A   Übungen im Sitzen
A-1 Beindurchblutung
A-2 Hüfte strecken
A-3 Körper aktivieren

B   Übungen im Stehen
B-1 Beinlockerung
B-2 Körperschwingen
B-3 Zehen-Hacken
B-4 Standlaufen
B-5 Knie anheben
B-6 Engel fangen
B-7 Liegestütz im Stehen

C   Atmungsübungen
C-1 Arme schwingen
C-2 chaotische Atmung
C-3 Vollatmung
C-4 Stützatmung

D   Übungen am Boden
D-1 Atmung im Liegen
D-2 Rückenrolle
D-3 Becken heben
D-4 Brust strecken
D-5 Liegestützschwingen

E   Übungen im Bett
E-1 Füße lockern, strecken

E-2 Körperstreckung
E-3 Synchronisation

Im Anschluss an die folgenden Übungsbeschreibungen finden Sie eine weitere Übersicht mit skizzenhafter Darstellung der Übungen.

A Übungen im Sitzen

Vor allem wenn Sie vor dem Computer sitzen und konzentriert arbeiten, verharrt Ihr Körper in einer „Stocksteife" über längere Zeit.

Wenigstens einmal in der Stunde sollten Sie diesen Zustand unterbrechen und sich in irgendeiner Form bewegen. Zum Beispiel einmal aufstehen und ein paar Schritte machen. Es ist nicht so entscheidend, was Sie tun, aber sehr wichtig, dass Sie etwas tun.

Mein Vorschlag dazu sind die folgenden, ganz einfachen Übungen, die sich leicht einprägen. Ohne Vorbereitung und ohne groß zu überlegen, kann man sie, fast automatisch, immer wieder einbinden.

Diese ersten leichten Übungen werden für Sie wahrscheinlich nichts Neues sein. Aber gut und neu wäre es, wenn Sie sie wirklich auch regelmäßig ausführen.

A-1 Beindurchblutung

Mit beiden Füßen die Zehen und die Hacken im Wechsel anheben und dabei die Unterschenkel anspannen.

Dann zügiges „Sitzlaufen", die Zehen bleiben am Boden, die Knie werden im Wechsel angehoben.

Dann ein Knie möglichst hoch anheben und mehrmals den Unterschenkel nach vorn auspendeln. Danach auch das andere Bein auspendeln.

Häufigkeit: jeweils etwa 10 Mal

Soweit möglich: Danach die Beine hochlegen

A-2 Hüfte strecken

Auf die vordere Hälfte des Stuhls setzen, nach vorn gebeugt mit beiden Händen auf die Knie abstützen. Dann das Gesäß kräftig nach hinten und oben strecken.

Bei allen kräftigen Streckübungen zunächst einmal mit halber Kraft anspannen und erst beim zweiten Mal mit voller Kraft.

Häufigkeit: wenigstens zwei Mal und jeweils für 2 bis 3 Sekunden die Anspannung halten.

Mit dieser Streckübung dehnen Sie Ihre Muskeln im Kreuzbereich. Geben Sie Ihren Muskeln ein paar Sekunden Zeit, sich zu dehnen. Das heißt, schieben Sie Ihr Gesäß langsam nach hinten und versuchen Sie es dann anzuheben. Ihr Körper kennt diese Anspannung nicht. Er könnte mit Muskelkater reagieren, wenn Sie im Anfang zu viel Kraft einsetzen.

Diese sehr einfache Übung stärkt nicht nur Ihr Kreuz, sondern bewirkt auch eine starke Durchblutung Ihres Unterleibs und Ihrer Beine, was Sie deutlich spüren können.

A-3 Körper aktivieren

Sie sitzen auf einem Stuhl und legen Ihre Handflächen vor Ihrer Brust gegeneinander. Dann drücken Sie mit der gesamten Handfläche Ihre Hände zusammen, also Finger und Handballen gleichzeitig. Sie spüren jetzt den Druck in den Armen und im Rückenbereich.

Die zusammengedrückten Hände führen Sie dann langsam nach oben und anschließend nach unten, jeweils so hoch und so tief Sie können. Jeweils entsprechend der Lage Ihrer Hände spüren Sie den Druck im oberen oder im unteren Bereich Ihres Körpers.

Anschließend führen Sie Ihre Hände in Brusthöhe seitlich nach links und rechts und lassen Ihren Oberkörper leicht mitdrehen.

Abschließend können sie zur Entspannung mit Ihren zusammengelegten Händen vor sich eine möglichst große Acht nachzeichnen, mehrmals in beide Richtungen. Je größer Sie die Acht machen, umso intensiver wird Ihre Durchblutung. Mit dieser Übung spannen Sie kurzfristig nahezu alle Muskel Ihres Körpers an

Sie können diese Übung auch noch erweitern, für eine isometrische Muskelstärkung. Dies erreichen Sie, wenn Sie die zusammen gepressten Hände in dem jeweiligen Bereich für circa fünf Sekunden anhalten. Sie können so stufenweise vorgehen, oder nur einen bestimmten Bereich dazu auswählen. Durch den Händedruck im Beckenbereich entspannen Sie zum Beispiel das gesamte Gelenksystem in der Hüfte und entlasten Ihr Kreuz und Ihre Hüftgelenke.

Da selbst im Fußbereich die Wirkung des Händedrückens spürbar ist, kann diese Körperreaktion nicht über eine Hebelwirkung erklärt werden. Es scheint so, dass ich unbewusst das Empfinden in meinen Händen auf den entsprechenden Bereich übertrage.

Die isometrische Muskelstärkung ist das Gegenstück zu „Bodybuilding". Für isometrische Übungen braucht man keine Geräte, die Muskeln werden dabei nicht unter Kraft gedehnt, sondern nur angespannt. Die Muskelstärkung ist bei Anspannung wirksamer als bei Dehnung. Allerdings bekommt man damit keine „Muskelpakete", nur stärkere Muskeln.

Bei allen Übungen, mit denen ich die Muskeln anspanne, empfehle ich in zwei Stufen vorzugehen. Zunächst sanft, nur mit halber Kraft die Muskeln „ansprechen" und erst bei der Wiederholung vorsichtig die Kraft erhöhen.

B Übungen im Stehen

Die Übungen im Stehen habe ich als so genannte „Türrahmenübungen" entwickelt. Die Bedeutung liegt darin, dass der Türrahmen einen besseren Halt gibt und das Körpergewicht entlastet werden kann. Dafür wäre es gut, wenn Ihr Türrahmen eine umlaufende Kante hätte, an der Sie sich festhalten können, das ist aber nicht unbedingt erforderlich.

Der größte Teil der Übungen ist aber ohne Türrahmen möglich, so dass Sie die Übungen auch im Freien ausführen können, was sehr zu empfehlen ist. Dazu reicht eine Wandfläche aus, an der Sie sich etwa in Brusthöhe abstützen können. Ich selbst mache diese Übungen regelmäßig im Freien jeweils in Verbindung mit den Atemübungen.

Auch wenn Ihnen die Übungen leicht fallen, sollten Sie sanft beginnen und nur langsam die Intensität steigern. Intensität bedeutet einmal die Häufigkeit, zum andern, inwieweit Sie die einzelnen Übungen „ausschöpfen". Zum Beispiel, ob Sie bei der Dehnung nach oben, nur den Arm heben, oder nach oben richtig zugreifen. Nach einer Eingewöhnungszeit sollten die Übungen aber mit einer für Sie richtigen Intensität ausgeführt werden, um die vorgesehene Wirksamkeit zu erreichen.

Die einmal tägliche Anwendung reicht normalerweise aus. Wenn Sie sich sonst wenig bewegen, wäre auch eine zweimalige Anwendung sinnvoll, wenigstens ein längeres Sitzen mit 2-3 Übungen zu unterbrechen. Die Intensität und die Häufigkeit der einzelnen Übungsteile werden bei den jeweiligen Übungen erläutert.

Die Übungen im Stehen sind so aufgebaut, dass Sie nach der Beinlockerung den ganzen Körper von den Füßen bis zu den Schultern beanspruchen.

B-1 Beinlockerung

Sie stützen sich mit der linken Hand ab und verlagern Ihr Gewicht auf das linke Bein. *Dann heben Sie das rechte Bein soweit an, dass die Zehenspitzen eben noch Bodenkontakt haben und lassen das Bein wieder locker fallen.*

Die rechte Hand liegt am Hüftgelenk und mit den Fingerspitzen unterstützen Sie jetzt dieses Beinanheben, indem Sie das Bein rhythmisch und zügig anschubsen. Sie heben also nur Ihre Fersen an, wobei dieses Anheben vorrangig durch Ihren Fingerschub erfolgt. Nach einigen Anhebungen wechseln Sie das Bein und die Seite.

Häufigkeit: je Seite 10 bis 15 Mal.

Mit dieser kleinen Übung lockern Sie nicht nur Ihre Beinmuskel, sondern bringen vor allem Ihre drei Beingelenke „in Schwung". In den Hüft-, Knie- und Fußgelenken wird durch die Bewegung Gelenkschmiere erzeugt und verteilt. Die Gelenke werden so auch für weitere Beanspruchungen vorbereitet.

Diese Übung empfehle ich vor und nach jeder Beinbelastung durchzuführen. Sie ist unauffällig und kann auch im normalen Tagesablauf eingeschoben werden. Bei den folgenden Standübungen sollte sie immer als erste Übung ausgeführt werden.

B-2 Körperschwingen

Sie stellen sich zwischen den Türrahmen und halten sich am oberen Querrahmen fest. Jetzt pendeln Sie mit Ihrem Körper vor und zurück. Dabei bleiben Ihre Fußsohlen auf dem Boden, das bedeutet, Sie bewegen sich in den Fußgelenken. Die Intensität dieser Übung steigern Sie, indem Sie sich beim Vorwärtspendeln nach vorne durchhängen lassen und beim Rückwärtspendeln die Oberschenkel anspannen.

Die gleiche Übung seitwärts. Sie stehen ca. 10 cm hinter dem Rahmen und halten sich links und rechts seitlich in Brusthöhe fest. Dann pendeln Sie seitwärts gegen Ihre Hände, die Fußsohlen bleiben wieder auf dem Boden. Die Betonung dieser Übung liegt auf Entspannung und sanfte Verschiebung des Körpers. Halten Sie Ihre Füße zusammen und lassen Sie sich entspannt gegen Ihre Hand fallen, wobei Sie mit der anderen Hand dieses Fallenlassen regulieren.

Häufigkeit: Beide Übungen jeweils 10 Mal hin und zurück.

B-3 Zehen-Hacken Schaukel

Sie stehen etwas hinter dem Rahmen und halten sich am oberen Rahmen fest. Jetzt wechseln Sie zwischen Zehenstand und Hackenstand. Sie stellen sich auf Ihre Zehen, rollen zurück und heben Ihre Zehen soweit, dass Sie auf Ihren Hacken stehen.

Häufigkeit: mit 10 Mal beginnen und auf 20 Mal langsam steigern.

Intensität: Ihre Fuß- und Wadenmuskel werden dabei stark gefordert. Beschränken Sie sich daher anfangs auf die halbe Höhe, Sie bekommen sonst garantiert einen ausgeprägten Muskelkater. Erst nach mehreren Übungstagen sollten Sie langsam die Intensität bis zur vollen Muskelspannung steigern.

Sie können die Intensität noch weiter steigern, wenn Sie dabei Ihre Hüfte mitnehmen. Dazu gehen Sie jeweils leicht „in die Knie" und pressen mit dem Zehenstand Ihre Hüfte nach vorn und oben. Bei der Gegenbewegung erfolgt das Gleiche mit dem Gesäß. Diese Hüftschaukel fördert die Durchblutung im ganzen Unterkörper.

B-4 Standlaufen

Sie stehen wieder etwas hinter dem Rahmen und halten sich am oberen Rahmen fest. Dies ist eine Laufersatzübung. Sie laufen auf der Stelle, behalten aber Ihre Fußspitzen auf dem Boden. Sie heben nur die Hacken im Wechsel. Diese Übung können Sie schnell oder langsam durchführen.

Häufigkeit: mit 50 Mal beginnen und auf 75 bis 100 Mal steigern.

Intensität: Intensivieren können Sie die Übung, indem Sie Ihre Knie möglichst weit nach vorne schieben und Ihre Hacken jeweils mit Druck aufsetzen.

B-5 Knieheben

Nach der Laufübung machen Sie in der gleichen Positions-stellung das Knieheben. Sie treten auf der Stelle und heben dabei abwechselnd Ihre Knie hoch. Sie müssen keinen rechten Winkel erreichen, heben Sie Ihre Knie nur so hoch, wie es ohne Anstrengung geht. Die Übung können Sie noch etwas steigern, indem Sie beim Hochheben die Fußspitzen nach unten drücken.

Häufigkeit: mit 10 Mal beginnen und auf 20 Mal steigern-

Neben den Gelenkbewegungen wird auch die Durchblutung im Unterlaib gefördert.

B-6 Armstreckung

Sie strecken abwechselnd Ihre Arme senkrecht in die Höhe und versuchen ganz oben etwas zu greifen, als wenn Sie „Engel fangen" wollten. Wichtig ist, dass Sie jeweils den gleichseitigen Fuß am Boden lassen und ihn nach unten drücken. So wird die ganze Körperseite gedehnt. Also nicht auf die Zehenspitzen stellen und jeweils den rechten Arm mit dem rechten Fuß einsetzen und links genau so. Den jeweils nicht aktiven Arm lassen Sie seitlich locker hängen.

Häufigkeit: 10 Mal je Seite

Intensität: Gerade bei dieser Übung dürfen Sie nur vorsichtig beginnen. Diese „Überkopfarbeit" beansprucht im Schulterbereich Muskeln, die sonst kaum genutzt werden. Also bitte ohne Anstrengung beginnen und nur langsam steigern. Nach entsprechender Einarbeit sollte die Übung jedoch mit kräftiger Anspannung erfolgen. Die Hand nur einfach „zum Gruße" zu erheben, bewirkt natürlich nichts.

B-7 Liegestütz im Stehen

Diese Übung ist der 2. Übung ähnlich. Sie stehen vor dem Türrahmen und halten sich seitlich fest. Der Abstand ist jetzt etwas größer, etwa eine Fußlänge bis zur Aussenkante des Türrahmens.

Der Körper pendelt jetzt nicht einfach von links nach rechts, sondern beschreibt in etwa einen Halbkreis beim Pendeln. Wie bei der 2. Übung lassen Sie sich wieder in Ihre Hand fallen. Dies geschieht jetzt aber intensiver und beansprucht Ihren Oberkörper.

Diese Übung ist praktisch ein „einarmiger Liegestütz im Stehen". Nach einiger Übung sollte dies aber so gelingen, dass Sie es auch als eine Entspannung empfinden.

Häufigkeit: 10 Mal je Seite

Achten Sie bei diesen Übungen auch auf Ihre Atmung. Atmen Sie dabei bewusst tief ein und aus.

C Atmungsübungen

Ebenso wichtig wie die ausreichende Bewegung ist eine ausreichende Atmung, die Zufuhr von Sauerstoff. Davon ist nicht nur unser Wohlbefinden abhängig, sondern auch unser Gesundheitszustand.

Im Gegensatz zur Bewegung erfolgt die Atmung erfreulicherweise automatisch. Die Intensität passt sich den Anforderungen an. Für die körperliche Ruhe im Sitzen benötigen wir nur wenig „Brennstoff", dafür genügt ein „flaches" Atmen. Aber unsere Lungen gewöhnen sich daran und „verkümmern", bereits bei der zweiten Treppe kommen wir „außer Atem".

Ein bisher wenig beachtetes Problem für eine richtige Atmung, ist das Tragen von engen Gürteln. Durch den Druck im Bauchbereich wird nicht nur die Bauchatmung behindert, sondern auch die Lungen werden eingeklemmt. Das kann den Körper veranlassen, Stress-Hormone zu produzieren, aus Sorge zu ersticken. Als deren Folge können Angstgefühle entstehen, oder auch Konzentrationsschwierigkeiten. Sie können das nachempfinden, wenn Sie Ihren Bauch eindrücken und versuchen kräftig zu atmen.

Auch die Lungen brauchen ein tägliches Training. „Flaches" Atmen verringert aber nicht nur die Leistungsfähigkeit der Lungen, es fördert vor allem auch die Anfälligkeit für Erkrankungen der Lungen. Wenn ständig nur das Zentrum der Lungen beansprucht wird, können die Randbereiche schrumpfen und sich „verkleben".

Am besten wäre es, sich eine tiefere Atmung anzugewöhnen oder mehrmals am Tag einige Vollatmungen zu machen. Aber selbst wenn ich mir das fest vornehme, geht dieses Bemühen sehr bald im Tagesgeschehen unter.

Natürlich kann eine tägliche intensive Atmung das richtige Atmen nicht voll ersetzen. Es ist aber schon wichtig und gut, wenn wenigstens einmal am Tag alle Bereiche der Lungen belüftet werden.

Wenn Sie Raucher sind, sollten Sie diese Übungen besonders intensiv ausführen. Nach den Übungen sollte in Ihrem Atem möglichst kein Tabaksgeruch mehr vorhanden sein. Durch intensives Atmen wird das Nikotin zwar nicht beseitigt, aber die Abwehrkraft der Lungen gesteigert.

Wenigstens für Pfeifenraucher wird dadurch das Risiko einer Erkrankung ganz wesentlich verringert. So genieße ich seit über 50 Jahren meine Tabakspfeifen mit immer noch bester Funktion meiner Lungen. Allerdings: „Rauchen ist tödlich", so steht es zumindest auf meinen Tabaksdosen.

Für die Sauerstoffzufuhr wäre eine Übung ausreichend, wenn sie entsprechend länger gemacht wird. Mir ist aber wichtig, dass alle Winkel der Lungen belüftet werden. Das ist am sichersten durch verschiedene Varianten zu erreichen. Neben den vier folgenden Übungen gibt es bei den Übungen im Liegen noch weitere Varianten der Tiefatmung.

Bei den vier Intensivübungen spielt die Reihenfolge keine Rolle, auch die Häufigkeit können Sie nach Gefühl wählen. Insgesamt sollten Sie aber mindestens drei Minuten dafür aufwenden.

Die folgenden Übungen verstärken unser natürliches Atmen und sollen auch den letzten Winkel unserer Lungen erreichen. Darüber hinaus gibt es viele spezielle Atemtechniken, mit denen man die natürliche Atmung ergänzen kann. Am bekanntesten ist die einfache 4-6-8 Atmung:

4 Sekunden durch die Nase einatmen, 6 Sekunden die Luft anhalten und 8 Sekunden durch den Mund ausatmen 4. Das mehrfach wiederholen und 3 Mal am Tag ausführen.

Damit lässt sich gut spürbar die Energiebilanz erhöhen. Zur Reduzierung von Angst, kann man ähnlich verfahren, wobei dafür die Luft nicht angehalten wird, also nur 4 Mal einatmen und 8 Mal ausatmen.

C-1 Arme schwingen

Ähnlich wie beim Kraulschwimmen schwingen Sie Ihre Arme links und rechts vom Körper kreisförmig nach vorn. Lassen Sie Ihre Arme so locker wie möglich kreisen. Drehen Sie Ihren Oberkörper dabei etwas mit und gehen Sie etwas in die Knie, das Kreisen sollte möglichst „rund" ablaufen. Das wichtigste ist natürlich das tiefe Ein- und Ausatmen. Wenn Sie die Übung zügig durchführen, geschieht dies bereits von selbst.

Im zweiten Teil kreisen Sie entgegengesetzt. Zum Abschluss können Sie noch einige Drehbewegungen mit seitlich ausgestreckten Armen ausführen, nach links und rechts. Nehmen Sie dabei wieder Ihren Oberkörper mit und Atmen tief ein und aus.

C-2 chaotische Atmung

Am intensivsten ist die „chaotische" Atmung. Dazu wird nur durch die Nase stoßweise ausgeatmet, die Einatmung geschieht dabei automatisch. Die stoßweise Ausatmung erfolgt kräftig, zügig und rhythmisch. Nehmen Sie Ihren Körper dabei mit, ihre angewinkelten Arme bewegen Sie im Atemrhythmus rauf und runter und gehen jeweils etwas in die Knie. Als Variante lassen Sie die Arme hängen und schütteln sie im Atemrhythmus aus.

Diese Atmung sieht wirklich chaotisch aus und ein Taschentuch ist dabei unentbehrlich. Ihre Bedeutung liegt darin, dass sie schnell und gründlich die Luft in den Lungen austauscht. Zudem wird bei dieser Übung auch der gesamte Körper aufgelockert, wenn sie ein bis zwei Minuten lang ausgeführt wird.

C-3 Vollatmung

Bei dieser Übung strecken Sie Ihre Arme nach oben, wieder etwas seitlich, und atmen tief ein. Dann schwingen Sie Ihre Arme nach unten und atmen durch den Mund kräftig aus. Mit dem Abschwingen der Arme gehen Sie etwas in die Knie und beugen Ihren Oberkörper auch etwas nach vorn.

Um bei den Schwüngen nach oben und unten im Gleichgewicht zu bleiben hilft es, die Arme unten möglichst weit ausschwingen zu lassen.

Wenn Sie die Arme mit dem Einatmen etwas seitlich hoch geführt haben, bewegen Sie Ihre Hände zueinander und atmen weiter tief ein, bevor Sie abschwingen. Sie können dabei spüren, dass Sie so noch einen Restteil der Lungen geöffnet haben.

Diese Übung ist sicherlich die bekannteste Atmungsübung und besonders wirksam. Sie enthält optimal beide wichtigen Elemente: die Sauerstoffzufuhr und die Belüftung der Lungen.

C-4 Stützatmung

Diese vierte Übung ist dem Joga entlehnt und ist als so genannte „Hängebauchübung" bekannt. Sie wird allgemein kniend auf dem Boden ausgeführt.

Sie funktioniert aber auch, wenn Sie sich vornüber gebeugt mit den Händen in Tischhöhe abstützen. Es geht darum, in den „hängenden" Bauch (und Brust) möglichst viel Luft einzuatmen und dann den Bauch kräftig einzuziehen, um möglichst viel Luft beim ausatmen wieder los zu werden.

Aber das Ein- und Ausatmen von viel Luft ist dabei nicht al-
les. Durch das Aufstützen der Hände wird wieder die Lunge,
beziehungsweise der Brustkorb geweitet. Wenn Sie dann beim
Einatmen den Oberkörper noch etwas absenken und dadurch
die Ellenbogen nach außen drücken, können Sie dieses Öffnen
sogar spüren.

Wie bereits mehrfach erwähnt, geht es bei den Atmungsübungen um die verstärkte Zufuhr von Sauerstoff und um die Belüftung möglichst aller Lungenbereiche. Für die Belüftung der Lungen würde genügen, jede Übung 3 bis 4 Mal zu machen, für die Sauerstoffzufuhr sollten das aber mehr sein. Für dieses „Mehr" können Sie sich aber eine dieser Übungen aussuchen.

Wenn Sie in der kalten Jahreszeit die Atmungsübungen draußen machen, atmen Sie nur durch die Nase ein und aus, um die Schleimhäute immer wieder anzuwärmen.

D Übungen am Boden

Neben weiteren Atmungsübungen zielen die folgenden Übungen auf Ihre allgemeine körperliche Fitness und auf die Vermeidung von Alterungsproblemen. Mit den Jahren schrumpfen unsere Muskeln, wenn wir sie nicht abfordern.

Das kann vor allem bei unserem größten Lendenmuskel, dem Iliopsoas unerwünschte Folgen haben. Der Iliopsoas ermöglicht uns das Stehen und Gehen, das heißt das Aufrechtsein. Und wenn der schrumpft, dann werden wir „krumm" und gebeugt.

Aber nicht nur das, wenn dieser Muskel sich verkürzt, verdreht sich das Becken, mit Auswirkungen auf unser Kreuz und vor allem auf unsere Hüftgelenke. Ein hoher Anteil von Altersarthrosen hat hier seine Verursachung.

Die Übungen im Liegen sind zunächst etwas anstrengend und beanspruchen Ihre Handgelenke. Wer darin für sich Probleme sieht und lieber auf diese Übungen verzichten will, sollte zumindest die „Rückenrolle" regelmäßig machen. Für die Vorbeugung von Rückenbeschwerden gibt es nichts Besseres.

D-1 Atmung im Liegen

Bei der Atmung im Liegen werden weitere Lungenbereiche belüftet. Diese Übung besteht aus zwei Teilen, zunächst die Atmung in Rückenlage, dann in der Seitenlage links und rechts.

Sie legen sich ausgestreckt auf einen Teppich. Mit dem Einatmen führen Sie beide Arme gestreckt nach hinten bis Ihre Finger den Boden berühren. Atmen dann langsam wieder aus und führen dabei Ihre Arme zurück, die Hände landen auf dem Bauch.

Atmen Sie tief, aber langsam ein und „pusten" die Luft wieder langsam aus. Zur Orientierung zählen Sie jeweils 1 bis 7.

Nach etwa 5 Wiederholungen rollen Sie über Ihre Schulterblätter zur Seite und wieder zurück auf die andere Seite. Wenn Sie nach links rollen ist der linke Arm angewinkelt und der rechte Arm nach oben gestreckt, zur andern Seite entsprechend umgekehrt.

Dabei atmen Sie wieder tief ein und aus und zwar wie folgt: In der Seitenlage mit hoch gestrecktem Arm atmen Sie ein und beim zurück rollen wieder aus. Den Vorgang etwa 5 Mal wiederholen.

D-2 Rückenrolle

Die Rückenrolle ist so einfach und schlicht, dass sie häufig belächelt und nicht ernst genommen wird. Ich halte sie jedoch, auch aus eigener Erfahrung, für eine der wichtigsten und wirksamsten Rückenübungen überhaupt.

Als junger Mann litt ich unter ständig wieder auftretenden Hexenschüssen. Trotz ärztlicher Behandlung verschlimmerte sich dieser Zustand immer mehr, mir wurde eine Operation empfohlen. Bis mir ein Arzt diese Rückenrolle empfahl. Mit der täglichen Rückenrolle habe ich seit über 50 Jahren keine Rückenbeschwerden mehr.

Bei der Rückenrolle werden sämtliche Rückenwirbel angesprochen und auch die Rückenmuskulatur trainiert. Wegen der zum Teil sehr kleinen Muskeln, die sich nicht aufbauen lassen, ist das tägliche Üben erforderlich. Allerdings reicht es aus, drei bis vier mal abzurollen, um die Stabilität zu erhalten.

Mit der Rückenrolle beeinflussen Sie aber noch mehr: Die Wirbelsäule steht mit allen inneren Organen in Verbindung, über das spezielle Nervensystem und über die Akupunktur-Meridiane, die an beiden Seiten der Wirbelsäule verlaufen mit besonders wirksamen Akupunkturpunkten.

Wenn Sie bereits Rückenprobleme haben, beginnen Sie mit der Rückenrolle aber erst nach dem Abklingen akuter Schmerzen.

Im Anfang wählen Sie einen weichen Teppich als Unterlage. Sie legen sich auf den Teppich, ziehen die Knie an und fassen mit beiden Händen unter Ihre Oberschenkel. Am Anfang schaukeln Sie zunächst über Ihren Rücken vor und zurück. Dann versuchen Ihre Knie so hoch wie möglich zu ziehen und rollen wieder zurück. Die Rollbewegung wird zuerst etwas holprig sein, nach einigen Übungen aber immer runder.

Nach dieser Vorübung versuchen Sie die vollständige Rückenrolle auszuführen. Mit etwas Schwung rollen Sie soweit zurück, dass Sie auf Ihrem Nacken liegen. Dazu müssen Sie mit Ihren Händen das Gesäß etwas hoch schieben und abstützen. Aus dieser Stellung rollen Sie dann langsam zurück.

Das möglichst langsame Zurückrollen ist der entscheidende Teil der Übung. Alle Rückenabschnitte sollen den Druckkontakt mit dem Boden halten, so als wenn Sie Ihre Rückenwirbel Stück für Stück ablegen würden.

Versuchen Sie aber nicht das Rückrollen zu verlangsamen, das geht nicht. Vermeiden Sie aber ein schwungvolles Abrollen, wichtig ist, dass das Rollen „rund" wird und keine Wirbelbereiche übersprungen werden.

Häufigkeit: 3 bis 4 Mal Abrollen reicht aus

D-3 Becken anheben

Sie sitzen auf dem Teppich mit ausgestreckten Beinen und stützen sich seitlich mit Ihren Händen ab. Dann ziehen Sie Ihre Füße etwas zurück und stemmen Ihr Becken nach oben. Dabei strecken Sie Ihren Kopf nach hinten und atmen mit offenem Mund ein.

Beim Absetzen atmen Sie wieder aus. Zwischen den Wiederholungen entspannen Sie Ihre Hände und Arme und strecken Ihre Füße aus.

Häufigkeit: mit 2 bis 3 Mal beginnen und ganz langsam bis auf 10 Mal steigern.

Versuchen Sie Ihr Becken so hoch, wie es Ihnen möglich ist zu stemmen. Aber die Höhe ist nicht so wichtig, Entscheidend ist die kurzfristige Anspannung des ganzen Körpers und dafür reicht es aus, wenn das Gesäß einige Zentimeter angehoben wird

D-4 Brust strecken

Sie knien auf dem Teppich und strecken Ihre Brust indem Sie Ihren Kopf so weit wie möglich nach hinten strecken. Öffnen Sie dabei Ihren Mund und atmen ein. Mit dem Ausatmen führen Sie Ihren Kopf nach vorn, soweit, dass Ihr Kinn auf Ihrer Brust liegt.

Beim Zurückbeugen heben Sie leicht Ihre Brust an und pressen Ihr Gesäß zusammen. Nehmen Sie dafür Ihre Hände zur Hilfe.

144

Häufigkeit: mit 2 bis 3 Mal beginnen und ganz langsam bis auf 10 Mal steigern.

D-5 Liegestützschwingen

Sie gehen in die Liegestützstellung, das heißt, Sie stützen sich auf Ihre Füße und auf Ihre gestreckten Arme ab. Nun schwingen Sie rückwärts und vorwärts. Dazu schieben Sie Ihr Gesäß nach hinten und oben, gleichzeitig neigen Sie Ihren Kopf nach unten.

Bei der Gegenbewegung nach vorn senken Sie Ihr Gesäß wieder ab und führen Ihren Kopf nach oben. Dabei pressen Sie Ihr Gesäß zusammen.

Kopf und Gesäß wechseln gegenläufig nach oben und unten. Bei der Schwingung nach vorn, können Sie auch etwas die Arme beugen.

Diese Übung ist sicherlich etwas anstrengend, vor allem für die Handgelenke. Sie ist aber auch die umfassendste Übung für den Bewegungsapparat. Die Übung fällt mir leichter, wenn ich beim Zurückschwingen ganz kräftig ausatme und bei der Vorwärtsbewegung einatme. Alle Muskeln und Gelenke werden hierbei aktiviert und der Blutkreislauf optimal angeregt. Auch Ihr Wohlbefinden wird spürbar gesteigert.

Häufigkeit: mit 2 bis 3 Mal beginnen und ganz langsam bis auf 10 Mal steigern.

E Übungen im Bett

Die folgenden Übungen im Bett können Sie sowohl morgens, als auch abends machen, wobei die Synchronisationsübung abends am wirksamsten ist. Die Streckübungen sind einfache und bekannte Übungen. Nehmen Sie sie als Musterbeispiele und variieren sie nach Ihrem Empfinden.

E-1 Füße strecken

Strecken Sie Ihre Beine und Füße aus, wechseln Sie dabei zwischen Zehen- und Hackenstreckung.

Bei gestreckten Beinen drehen Sie ihre Füße einige Male nach rechts und dann auch nach links, am einfachsten mit gegenläufigen Bewegungen.

Die gleichen Fußdrehungen noch einmal mit etwas angewinkelten Beinen. Wenn Sie jetzt die Knie etwas mitbewegen, werden die Knie- und Hüftgelenke mit beansprucht

E-2 Körperstreckung

Strecken Sie wieder Ihre Beine und Füße aus, mit Streckung der Hacken. Dann pressen Sie Ihr Gesäß zusammen und spannen Ihre gesamte Beinmuskulatur kräftig an.

Stützen Sie sich dann auf Ihre Ellenbogen und heben Ihr Gesäß für einige Sekunden an. Mit dem Anheben wird auch Ihre Kreuz- und Rückenmuskulatur angespannt.

Dieses isometrische Muskeltraining gilt in erster Linie wieder dem wichtigen Kreuz- und Lendenmuskel, dem Iliopsoas. Gleichzeitig wird auch der gesamte Unterkörper spürbar gut durchblutet.

Häufigkeit: Fangen Sie mit zwei kurzen Streckungen an. Erst einmal vorsichtig zur Probe, und wenn nichts weh tut, können Sie dann so kräftig wie möglich anspannen und Ihr Gesäß anheben.

Für die tägliche Übung reicht eine einmalige Ausführung aus, mit einer Anspannung von circa 5 Sekunden.

E-3 Synchronisation

Diese Übung ist in erster Linie für die Entspannung nach den körperlichen Übungen vorgesehen. Wenn Sie andere Möglichkeiten zur Entspannung gewohnt sind, können Sie auf diese Übung auch verzichten.

Ich bevorzuge diese Übung, weil sie nicht nur schnell und tief entspannt, sondern auch überanstrengte Muskeln und Gelenke heilsam beeinflussen kann.

Den Begriff „Synchronisation" kennen wir für die Zusammenstimmung von Bild, Sprache und Musik. Hier geht es darum, den Ausgleich und das Gleichgewicht in unserem Körper herzustellen. Sehen Sie aber zunächst in dieser Übung die Möglichkeit, sich wohltuend zu entspannen. Allein dafür wird sich die kleine Mühe lohnen.

Bei dieser Übung müssen Sie sich gedanklich auf jeweils zwei Körperstellen gleichzeitig konzentrieren. Das sind wir nicht gewohnt, es ist aber mit der Übungsanleitung für jeden sofort möglich.

Sie sitzen oder liegen bequem und schließen die Augen. Nun gehen Sie Ihren Körper Schritt für Schritt durch und synchronisieren jeweils die beiden Seiten. Beginnen Sie am besten mit Ihren Händen. Sie richten Ihre Aufmerksamkeit auf Ihre Hände, erst nacheinander, dann gleichzeitig auf beide Hände. Warten Sie einen Moment, bis Sie in beiden Händen das gleiche Gefühl erreichen. Dadurch synchronisieren Sie Ihre Hände.

Anfangs nehmen Sie sich für jede Hand jeweils etwa eine Minute Zeit und spüren konzentriert in Ihre Hand. Alternativ können Sie auch eine Hand einmal kräftig anspannen. Wenn Sie danach in beide Hände gleichzeitig fühlen, spüren Sie, dass sich auch die andere Hand langsam erwärmt und sich der anderen Hand anpasst.

Nach ein paar Tagen Übung geht die Synchronisation einfacher und schneller. Es genügt dann Ihre gedankliche Aufforderung: „beide Hände sind absolut gleich", eventuell mit einer zwei- oder dreifachen Wiederholung. Genau so verfahren Sie dann mit Ihrem gesamten Körper, Unterarme, Ellbogen, Oberarme und Schultern. Dann gehen Sie zu Ihren Füßen, zu den Unterschenkeln, Knien, Oberschenkel, Pobacken und Hüfte.

Beim Körperrumpf gibt es keine zwei Teile, aber sie verfahren in ähnlicher Weise in dem Sie jeweils die rechte und linke Seite ansprechen und synchronisieren, so den Unterbauch, Oberbauch, Brust, Hals und Gesicht. Ebenso die Rückseite: unterer Rücken oder Kreuz, Nieren, mittlerer Rücken, Schulterblätter und Nacken. Sie können aber auch noch detaillierter vorgehen. Jeder Körperteil kann über rechts und links synchronisiert werden

Haben Sie zum Beispiel ein Knieproblem, synchronisieren Sie nacheinander die Kniescheiben, Kniekehlen, Gelenke und die angrenzenden Muskeln. Geben Sie den Knien etwas Zeit sich anzupassen. Sie spüren dann meist sehr deutlich eine Erwärmung beider Knie und dass im betroffenen Knie ein „Umbau" beginnt. Machen Sie sich aber bitte keine Sorgen darum, dass die Beschwerden jetzt auf beide Knie verteilt werden könnten. Das ist nicht möglich. Unser körpereigenes Selbstheilungsprinzip, das wir mit allen Heilmethoden nur anregen können, ist auf das Wiederherstellen der Originalfunktion programmiert.

Nach meinen Erfahrungen ist die Synchronisation besonders wirksam, wenn ich sie zweimal nacheinander durchführe. Das erste Mal im Schnelldurchgang und das zweite Mal nehme ich mir etwas Zeit, den Reaktionen nach zu spüren. Die Reihenfolge spielt dabei keine Rolle. Ich habe mir zum Beispiel angewöhnt, von unten nach oben zu synchronisieren und dabei bei meinem Kopf detaillierter vorzugehen: Über Ohren, Innenohren, Eustachische Röhren (Verbindung von Rachen und Ohr), Nasennebenhöhlen, Augen, Augenmuskeln, Schläfen und Gehirn. Damit „pflege" ich meine altersbedingten Schwachstellen.

Skizzenhafte Darstellung

der Übungen mit Kurztext

A Übungen im Sitzen

A-1 Beindurchblutung
A-1-a: Hacke – Zehen Wechsel mit leichter   Muskelan-spannung

A-1-b: Knie im Wechsel zügig anheben, Zehen bleiben am Boden

A-1-c: Bein anheben, dann nach vorn auspendeln

A-2 Hüfte strecken
Hände auf Knie stützen, Gesäß kräftig nach hinten und oben strecken

A-3 Körper aktivieren
Hände zusammen drücken, Hände langsam nach oben und unten führen.

Dann Hände in Brusthöhe nach links und rechts führen, mit leichter Körperdrehung.

Zur Entspannung mit den Händen eine möglichst große Acht nachzeichnen.

A Übungen im Sitzen

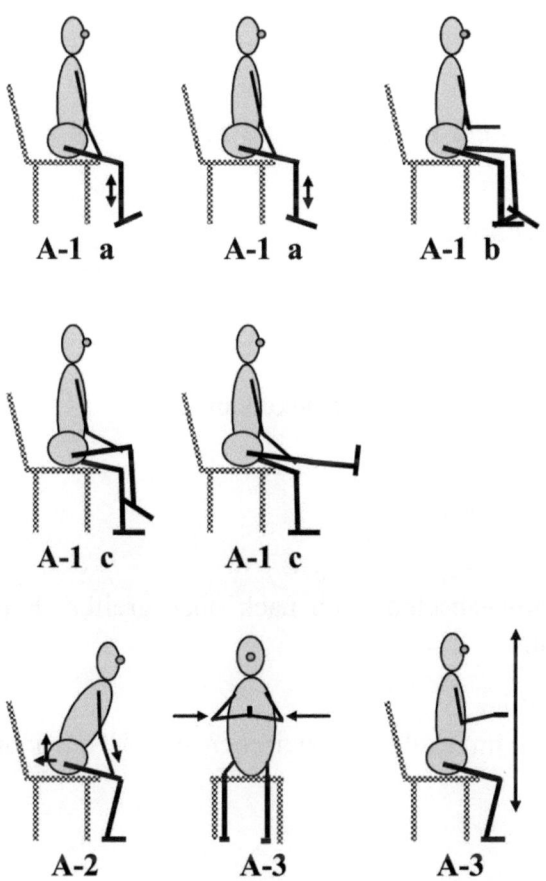

A-1 a   A-1 a   A-1 b

A-1 c   A-1 c

A-2   A-3   A-3

B Übungen im Stehen

B-1 Beinlockerung
Gewicht auf ein Bein verlagern, das andere Bein locker lassen und mit der Hand rhythmisch anschubsen, Zehenspitzen bleiben in Bodenkontakt.

B-2 Körperschwingen
Sie schwingen mit Ihrem Körper vor und zurück, ohne Zehen oder Hacken anzuheben.

B-3 Zehen-Hacken Schaukel
Wechseln zwischen Zehenstand und Hackenstand, den Unterkörper dabei jeweils mitnehmen.

B-4 Standlaufen
Auf der Stelle laufen, aber nur die Hacken anheben

B-5 Knieheben
Die Knie abwechselnd hochheben.

B-6 Armstreckung
Mit den Händen abwechselnd hoch nach oben greifen, Füße bleiben fest am Boden.

B-7 Liegestütz im Stehen
Der Körper pendelt im Halbkreis zwischen den Händen hin und zurück.

B Übungen im Stehen

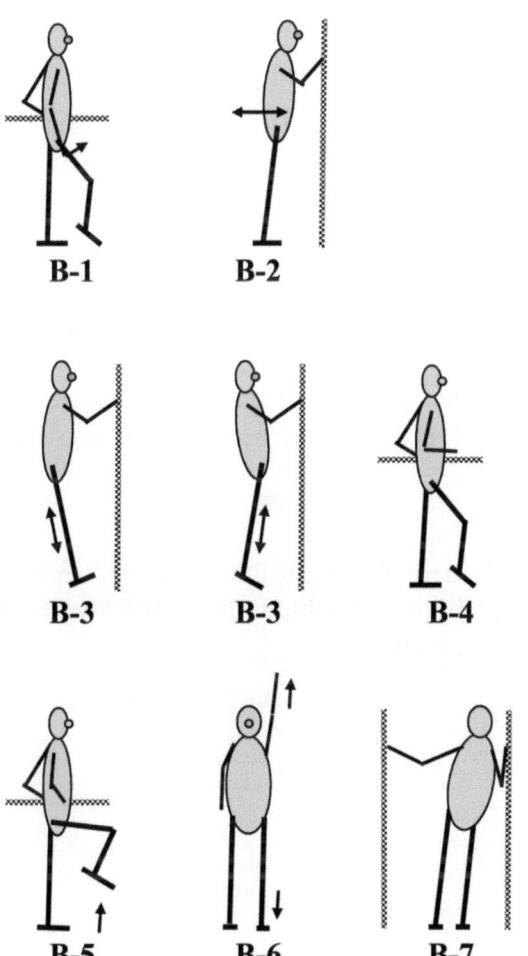

B-1   B-2

B-3   B-3   B-4

B-5   B-6   B-7

C Atmungsübungen

C-1 Arme schwingen
C-1-a: „Kraulschwimmen" vorwärts und rückwärts, Arme locker lassen und den Körper etwas mitdrehen. Dabei tief ein- und ausatmen.

C-1-b: Mit seitlich ausgestreckten Armen den Körper nach links und rechts drehen.

C-2 Chaotische Atmung
Durch die Nase stoßweise und kräftig ausatmen. Arme und Körper rhythmisch etwas mitschwingen lassen.

C-3 Vollatmung
Zum Einatmen die Arme gestreckt nach oben führen, zum Ausatmen die Arme zurück schwingen lassen. Dabei den Oberkörper etwas nach vorn beugen und den Bauch einziehen.

C-4 Stützatmung
Vornüber gebeugt auf einem Tisch abstützen, in die Armbeuge gehen und tief einatmen. Beim Aufrichten atmen Sie wieder aus und ziehen dabei Ihren Bauch ein.

C Atmungsübungen

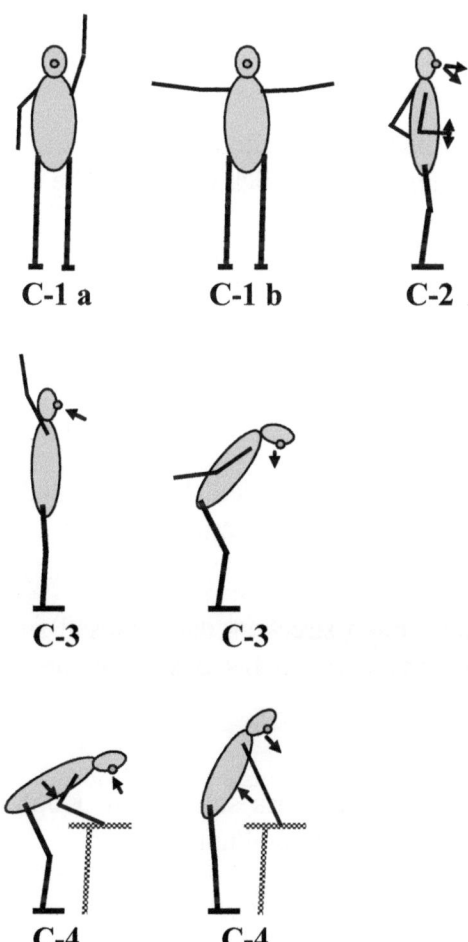

C-1 a   C-1 b   C-2

C-3   C-3

C-4   C-4

D Übungen am Boden

D-1 Atmung im Liegen (ohne Skizze)
D-1-a: Beide Arme gestreckt nach hinten bis zur Bodenberührung führen, dabei einatmen. Langsam wieder ausatmen, dabei Arme zurückführen.

D-1-b: Über die Schulterblätter zur Seite abrollen, den oberen Arm ausstrecken und einatmen. Beim zurück rollen auf die andere Seite wieder ausatmen

D-2 Rückenrolle
Mit angewinkelten Beinen mit Hilfe der Hände unter den Oberschenkeln zurück rollen bis auf den Nacken, langsam wieder abrollen.

D-3 Becken anheben
Im Sitzen Beine ausstrecken und mit den Armen seitlich abstützen. Becken hoch stemmen, Kopf nach hinten strecken.

D-4 Brust strecken
Im Knien den Kopf nach hinten strecken, dabei Gesäß zusammen drücken. Nach vorn zurückbeugen bis das Kinn die Brust berührt

D-5 Liegestützschwingen
Im Liegestütz rückwärts und vorwärts schwingen. Kopf und Gesäß wechseln gegenläufig nach oben und unten.

D Übungen am Boden

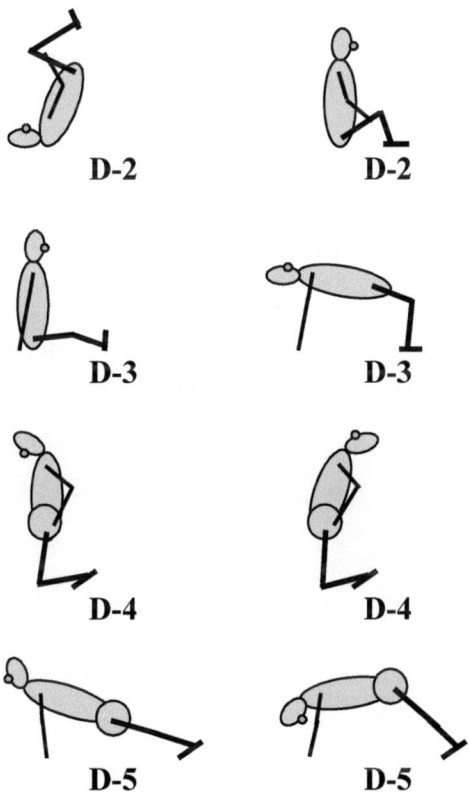

D-2   D-2

D-3   D-3

D-4   D-4

D-5   D-5

E Übungen im Bett (ohne Skizzen)

E-1 Füße strecken
Zehen- und Hackenstreckung im Wechsel

Füße nach links und rechts drehen

Fußdrehungen mit angewinkelten Beinen

E-2 Körperstreckung
E-2-a: Körper ausstrecken

E-2-b: Hacken strecken und Bein- und Rückenmuskel kräftig anspannen, dabei Gesäß zusammen pressen. Gleichzeitig das Gesäß kurzfristig anheben, gestützt auf den Ellenbogen

E-3 Synchronisation
Konzentration auf zwei Körperteile gleichzeitig, zum Beispiel rechte und linke Hand. Dazu die gedankliche Aufforderung, dass beide Seitenteile gleich sind.

Kreislauf aktivieren

Die folgende Übung regt nicht nur Ihren Kreislauf an, sie kann auch sehr tief entspannen. Vor allem bietet sie die Möglichkeit, die Heilung von chronischen Erkrankungen zu unterstützen, wenn sie über einen längeren Zeitraum genutzt wird.

Diese Übung habe ich aus dem Buch von *Heinrich Helmel* mit dem Titel: *„Blutwell-Übungen"* entnommen. Heinrich Helmel beschreibt in diesem Buch nicht nur diese Übung, er erläutert auch wichtige Zusammenhänge von Gesundheit und Krankheit. Leider ist dieses sehr empfehlenswerte Buch zurzeit vergriffen.

Der besondere Wert dieser Übung liegt in der Kombination von An- und Entspannung, sowie der intensiven Atmung. Sowohl die enthaltende Tiefatmung, als auch das stoßweise Ausatmen reinigt nicht nur die Lungen, sondern fördert auch eine erhöhte Sauerstoffaufnahme des Blutes. Und das erfolgt gleichzeitig mit der Aktivierung des Kreislaufes durch An- und Entspannung der Muskel. Was dann wiederum die Versorgung aller Körperbereiche optimiert.

Am wirkungsvollsten ist jedoch die Entspannung, auf der körperlichen und geistigen Ebene. Ohne vorhergehende Anspannung kommt es nicht zu einer tiefer gehenden Entspannung. Das liegt unter anderem an dem Zusammenspiel unseres Muskelsystems. Ein verspannter Muskel kann sich nicht selbst befreien, er benötigt dazu die Anspannung seines Gegenspielers. Was tun Sie, wenn Sie einen Krampf im Fuß haben? Sie belasten den Fuß und spannen ihn an.

Im Prinzip gilt das auch für unsere geistige Verspannung, dem Stress. Ruhe allein kann uns von unserem Stress nicht befreien, obwohl wir das immer wieder betonen. Meditation, Autogenes Training oder auch Erholungskuren tun uns zwar gut, ändern aber nur wenig an unserer Stressbelastung. Und Stress und Krankheit sind enge Verwandte.

Meine Erfahrungen mit dieser „Blutwell-Übung" sind noch zu gering, um eine Aussage zur Behandlung von Krankheiten zu machen. Ich benutze sie täglich, um mich weiter fit und frisch zu erhalten.

Heinrich Helmel schreibt in seinem Buch, dass sich bei erhöhtem Blutdruck, Neurasthenie, Gemütsdepressionen, Kreislaufstörungen und Arythmie die Blutwell-Übung in kurzer Zeit bewährt hat. Als weiteren Indikationsbereich sieht er Erkrankungen wie Rheuma, Gicht, Arthritis, Herzschwächen, nervöse Erschlaffung, Schlaflosigkeit und Alterserscheinungen.

Die Übung: Der Ablauf der Übung besteht im zehnmaligen An- und Entspannen von Beinen und Armen, sowie vom Bauch und von der Brust, in einer bestimmten Reihenfolge. Das kurze Anspannen erfolgt im Rhythmus der Ausatmung, wobei das Ausatmen ein kurzes „Auspusten" ist.

Beim Anspannen der Muskel gehen Sie bitte zunächst vorsichtig vor, um einen Muskelkater zu vermeiden. Nach einigen Übungen können Sie dann die Intensität nach Empfinden steigern. Spannen Sie aber bei dem jeweiligen Körperglied alle Muskel gleichzeitig an. Zum Beispiel beim Bein alle Muskel von der Pobacke bis zu den Füßen anspannen und bei den Armen die Hände zur Faust ballen.

Das kurzzeitige Anspannen von Beinen und Armen dürfte kein Problem sein. Beim Bauch und bei der Brust könnte es für einige etwas schwieriger sein. Beim Anspannen des Bauches, das heißt beim Einziehen, ist auch der Unterleib mit anzuspannen. Das Anspannen der Brust wird erleichtert, wenn man gleichzeitig beide Schultern etwas nach vorne zieht.

Das rhythmische Pusten muss für zehn Wiederholungen reichen. Man atmet zwar dabei automatisch immer etwas Luft ein, aber es ist wichtig vorher sehr tief einzuatmen, um sich beim Pusten nicht zu verausgaben. Heinrich Helmel empfiehlt ein tiefes Einatmen über vier Stufen und meint damit, über Bauch, Magen, Brust bis in die Schulter einzuatmen. Vor diesem Einatmen sollten Sie noch einmal kräftig ausatmen.

Sie müssen nicht kräftig pusten, es genügt ein kurzer Ansatz. Entsprechend kann der Rhythmus sehr zügig erfolgen, bis auf den Bauchbereich. Hier braucht die Bauchdecke etwas Zeit, um nach dem Einziehen wieder zurück zu schnellen.

Helmel empfiehlt, die Übungen morgens im Bett zu machen, um die Bettwärme zu nutzen. Ich mache das lieber im Laufe des Tages auf meinem Sofa. Dabei lagere ich meine Beine auf Kissen etwas höher und achte darauf, dass die Knie unterstützt sind. Bevor ich mit den Übungen beginne, recke und dehne ich mich einmal und entspanne mich mit einigen tiefen Atemzügen.

Ausführung der Übung:

Jeweils zehn Mal werden die folgenden Körperbereiche nacheinander an- und entspannt:

rechtes Bein
linkes Bein
rechtes und linkes Bein im Wechsel
rechtes und linkes Bein gleichzeitig
Bauch und Unterleib
rechter Arm
linker Arm
rechter und linker Arm im Wechsel
rechter und linker Arm gleichzeitig
Brust
rechtes Bein und rechter Arm im Wechsel
rechtes Bein und rechter Arm gleichzeitig
linkes Bein und linker Arm im Wechsel
linkes Bein und linker Arm gleichzeitig
rechtes Bein und linker Arm im Wechsel
rechtes Bein und linker Arm gleichzeitig
linkes Bein und rechter Arm im Wechsel
linkes Bein und rechter Arm gleichzeitig
rechtes und linkes Bein und Bauch gleichzeitig
rechter und linker Arm und Brust gleichzeitig
Beine, Arme, Bauch und Brust gleichzeitig

Noch einmal zur Übersicht:

Beine allein, im Wechsel und gleichzeitig,
Bauch und Unterleib
Arme allein, im Wechsel und gleichzeitig,
Brust
Beine und Arme je Seite im Wechsel und gleichzeitig
Beine und Arme diagonal im Wechsel und gleichzeitig
Beine und Bauch gleichzeitig
Arme und Brust gleichzeitig
Beine, Arme, Bauch und Brust gleichzeitig

Die Vielzahl der Übungsteile erscheint zunächst verwirrend. Die systematische Reihenfolge prägt sich aber schnell ein. Und wenn Sie im Anfang die Reihenfolge nicht einhalten oder ein Übungsteil vergessen, ist dass auch nicht weiter schlimm. Nach einigen Übungen können Sie sich mit geschlossenen Augen ganz auf das An- und Entspannen konzentrieren.

Für die gesamte Übung brauchen Sie nur knapp zehn Minuten. Aber nach der Übung sollten Sie sich noch mindestens weitere zehn Minuten Ruhe gönnen und Ihren pulsierenden Körper genießen.

Das können Sie noch intensivieren, wenn Sie sich bewusst in Ihren Körper einfühlen. Dazu fühlen Sie nacheinander in Ihre Körperbereiche: Hände und Arme, Schulter, Brust, Bauch, Unterleib, Beine, Füße, Gesicht, Augen, Ohren und Gehirn. Und wiederholen das noch einmal. Ich erreiche dadurch eine wunderbare Entspannung, auf die ich mich jeden Tag wieder freue.

Dieses Einfühlen in die Körperbereiche kann man auch ohne die vorhergehende Blutwellübung zur Entspannung nutzen. Nach etwas Übung, muss man dabei auch nicht die Augen schließen, sodass dies zu jeder Zeit und in allen Lebenslagen anwendbar ist.

Japanisches Heilströmen

Das japanische Heilströmen ist unter dem Namen „Jin Shin Jyutsu" durch mehrere Bücher in Deutschland bekannt geworden. Seit einiger Zeit ist seine Anwendung weit verbreitet und als zeitgemäßes Heilverfahren zumindest in der Naturheilkunde anerkannt. Dieses neue Verfahren unterscheidet sich nicht wesentlich vom Handauflegen deutscher Tradition. Die japanische Methode ist jedoch einfacher anzuwenden und besser nachzuvollziehen. Die Behandlung erfolgt über vorgegebene Energiepunkte, systematisch gegliedert nach Art der Erkrankung, vergleichbar mit der Akupunktur.

Das japanische Heilströmen bietet Ihnen die Möglichkeit, Ihre Alltagsbeschwerden selbst zu behandeln. Ich möchte Ihnen hier aber nicht das ganze Programm erläutern, das lernen Sie besser aus einem entsprechenden Buch.

Mir geht es hier um ein wichtiges Teilprogramm, um eine Übung, die mit **„Zentralstrom"** oder **„Mittelsrom"** bezeichnet wird. Der Zentralstrom aktiviert den Verlauf unserer zirkulierenden Lebensenergie, die vom Kopf nach unten fließt und auf der Rückseite des Körpers wieder aufsteigt. Bei regelmäßiger Anwendung des Zentralstroms werden deutlich spürbar Ihre Lebensenergie und Ihr Lebensgefühl angehoben.

Diesen Effekt spüren Sie zwar erst nach längerer Anwendung, was Sie aber sofort damit erreichen können, ist eine tiefe **Entspannung**. Mit dem Zentralstrom können Sie sich entspannen und gleichzeitig Ihre Lebensenergie aktivieren. Auch als Einschlafhilfe kann man ihn nutzen. Mit der Konzentration auf die Energiepunkte wird unser Verstand beschäftigt und lässt uns mit anderen Gedanken in Ruhe.

Dieser sehr wirksame Zentralstrom hat eine so einfache Technik, dass Sie ihn gleich anwenden können. Er besteht aus acht Schritten. Bei jedem Schritt legen Sie die Fingerkuppen beider Hände auf die unten angegebenen Punkte für jeweils 2 bis 3 Minuten, oder auch länger. Das Auflegen erfolgt ohne Druck, Sie berühren nur sanft Ihre Haut, beziehungsweise die darüber liegende Bekleidung.

Sie können diese Übung sowohl im Sitzen, als auch im Liegen machen. Für den rechten Arm ist es anstrengend die Position längere Zeit zu halten. Unterstützen Sie ihn mit einem Kissen, oder legen Sie sich etwas zur Seite. Nach etwas Übung werden Sie bei den einzelnen Punkten ein Pulsieren fühlen, ein Zeichen für den Energiefluss. Aber auch ohne dieses Pulsieren ist die Übung wirksam. Ebenso brauchen Sie sich keine Sorge machen, den richtigen Punkt zu finden. Wenn Sie auf den angegebenen Bereich Ihre drei Fingerkuppen legen, erreichen Sie immer die richtige Stelle.

1. Schritt: rechte Hand auf den höchsten Punkt des Kopfes, wo sie bis zum 6. Punkt liegen bleibt, linke Hand auf die Stirnmitte, oberhalb der Augenbrauenlinie.

2. Schritt: rechte Hand bleibt liegen, linke Hand mit einer Fingerkuppe auf die Nasenspitze.

3. Schritt: rechte Hand bleibt liegen, linke Hand in die Halsgrube oberhalb des Brustbeins.

4. Schritt: rechte Hand bleibt liegen, linke Hand auf die Mitte des Brustbeins.

5. Schritt: rechte Hand bleibt liegen, linke Hand unter das Ende des Brustbeins. Etwas oberhalb des Sonnengeflechts (Solarplexus).

6. Schritt: rechte Hand bleibt liegen, linke Hand circa zwei Fingerbreiten über dem Nabel

7. Schritt: rechte Hand bleibt liegen, linke Hand aufs Schambein.

8. Schritt: rechte Hand aufs Steißbein, linke Hand bleibt auf dem Schambein.

Sie können diese acht Schritte auch einzeln nutzen und damit die entsprechenden Körperbereiche harmonisieren. Die Zuordnung der einzelnen Schritte ist wie folgt:

Schritt 1: Gehirnfunktionen, geistige Vitalität, Gedächtnis, Stirnhöhlen und Augen

Schritt 2: Nasenbereich, Augen, Unterleib, Urogenitaltrakt und Becken

Schritt 3: Schilddrüse, Stoffwechsel, Calcium- und Magnesiumhaushalt, Nebenschilddrüse

Schritt 4: Thymusdrüse, Immunsystem, Herz, Atmung, Stressabbau, hilft bei Seelenschmerzen

Schritt 5: Milz, Magen, Pankreas und Nieren, Verdauung und Herz-Kreislauf-System

Schritt 6: Dünn- und Dickdarm, seelische und körperliche Stabilität, Immunsystem

Schritt 7: Wirbelsäule, Bandscheiben, macht den Kopf frei, bringt Harmonie

Schritt 8: Becken und Sexualität, harmonisiert vom Kopf bis zu den Füßen

Diese Übungen können Sie zwar auch nebenbei beim Fernsehen machen. Wirksamer sind sie aber, wenn Sie die Augen schließen und sich auf die Punkte konzentrieren. So können Sie auch die Reaktionen in den betreffenden Bereichen wahrnehmen. Wenn Sie sich ähnlich wie bei der Synchronisations-Übung, auf die jeweiligen zwei Punkte gleichzeitig konzentrieren, wird Ihre Übung noch intensiver.

Bücher über das japanische Heilströmen finden Sie im Literaturverzeichnis. Für den schnellen Einstieg in die weiteren Übungen empfehle ich die Taschenbücher von *Ingrid Schlieske* oder von Felicitas Waldeck. Wer sich tiefer darüber informieren möchte, findet das in dem Buch von *Waltraud Riegger-Krause*.

Ins Gleichgewicht kommen

In unserem Leben gibt es viele Möglichkeiten, die uns aus dem Gleichgewicht bringen, zum Beispiel großen Ärger, Verluste, Abschied nehmen, Geldnöte und vieles mehr. An der jeweiligen Situation können wir nichts ändern, aber es fällt uns sehr schwer, uns damit abzufinden. Wir versuchen es zu verdrängen, oder uns davon abzulenken. Aber es kann uns weiter verfolgen und uns lähmen.

Uns immer wieder klar zu machen, dass es einfach so ist, hilft uns manchmal nicht weiter. Entspannungsübungen wirken nur kurzfristig, oder wir kommen erst gar nicht zur Ruhe. Ich möchte Ihnen meinen persönlichen Weg zeigen, mit dem ich mich am schnellsten wieder ins Gleichgewicht bringe, das heißt, wie ich den belastenden Druck los werde und mich sofort wieder frisch und energievoll fühle.

Diesen Weg kann jeder gehen, allerdings wird der Eine oder Andere Schwierigkeiten haben, die Grundlagen zu akzeptieren und diesen Abschnitt als unzumutbar empfinden. Aber das nehme ich gern in Kauf, unsere belastenden Gefühle haben auch keine reale Grundlage und sind gegen reale Behandlungen resistent. Diese Methode habe ich aus dem Buch: *„Raus aus dem Geldspiel"* von **Robert Scheinfeld** übernommen. Der Titel des Buches ist etwas irreführend, im Mittelpunkt steht nicht das „Geldspiel" sondern das „Lebensspiel".

Robert Scheinfeld geht es darum, aus den Belastungen des Lebens heraus zu kommen und das eigene „Lebensspiel" selbst zu bestimmen. Dazu beschreibt er verschiedene „Werkzeuge", die möglichst täglich zu benutzen sind. Um das Ziel zu erreichen, braucht man aber einige Jahre und dieser Weg ist mir zu lang.

Mein Weg beschränkt sich auf ein „Werkzeug", das den Vorteil hat, sofort zu wirken.

Die Grundlagen zum Verständnis der „Werkzeuge" beschreibt Robert Scheinfeld auf 200 Seiten und bezieht sich dabei auf Erkenntnisse der Quantenphysik. Er spricht selbst von einer Hypothese, die im Ganzen nicht beweisbar ist, aber nach seinen langjährigen Erfahrungen richtig sein muss.

Seine Kernaussagen sind folgende: Das was wir mit unseren Sinnen erleben, unsere vielfältige Welt, existiert nur in unserem Gehirn als Hologramm. Da außerhalb unseres Gehirns, ohne einen Beobachter, es weder Farben noch Töne gibt, kann man das akzeptieren, auch wenn es nicht unserer Lebenserfahrung entspricht. Robert Scheinfeld geht aber noch einen Schritt weiter: Die Dinge und Situationen, die wir wahrnehmen sind nicht nur in ihrer Form und in ihrem Aussehen anders als wir glauben, sie existieren überhaupt nicht, zumindest nicht in unserem Umfeld.

Die Hologramme, die wir mit unserem Gehirn wahrnehmen, beziehen sich auf ein vorgegebenes Programm, das im „Nullfeld" angelegt ist. Das „Nullfeld" ist ein spezieller Begriff aus der Quantenphysik, ein Bereich, in dem alle Ereignisse „gespeichert" sind. Und die Ereignisse, die wir erleben, sollen wir nach Robert Scheinfeld selbst erfunden haben. Unser höheres Ich hat mit großem Energieaufwand diese Ereignisse im „Nullfeld" programmiert.

Ich hoffe, Sie geben jetzt nicht auf, natürlich widerspricht das unserer Auffassung und unseren Überzeugungen. Betrachten Sie es als eine Hypothese, und bleiben Sie offen für die Methode. Ich kann Ihnen versprechen, dass die Methode sehr wirksam ist. Mir sind keine Therapien und Verfahren bekannt, mit denen Sie so schnell und so einfach wieder ins Gleichgewicht kommen, unabhängig davon, was Sie belastet.

Allerdings bekommen Sie das nicht einfach geschenkt, Sie müssen dafür auch etwas tun, was Ihnen zunächst schwer fallen wird. Wenn Sie die folgende Formel aussprechen oder denken, dürfen es nicht nur leere Worte sein. Versuchen Sie, sich in ihre Worte ein zu fühlen und schalten mal für eine Minute Ihren kritischen Verstand aus.

Der Ablauf ist wie folgt: Als erstes machen Sie sich bewusst, was Sie im Moment bedrückt. Gehen Sie möglichst tief in Ihre negativen Empfindungen ein. Versuchen Sie die Energie, die sich hinter Ihrem Unbehagen verbirgt zu spüren. Aus diesem Gefühl heraus erklären Sie, dass dies alles nicht real ist, dass dies nur eine Erfindung Ihres Bewusstseins ist. Nun fordern Sie die Energien zurück, die Ihr höheres Ich in diese Erfindung gesteckt hat. Jetzt öffnen Sie sich für die zurück fließenden Energien, das heißt, Sie versuchen zu spüren, wie die Energie zu Ihnen zurück und durch Ihren Körper fließt.

Sie können jetzt nachprüfen, ob sich Gemütszustand verändert hat. Notfalls wiederholen Sie den Vorgang noch einmal. Das alles spielt sich allein auf der Ebene Ihres Gefühls ab. Die Welt verändert sich nicht, nur Ihr Gefühl. Es geht um die Befreiung Ihrer gefühlsmäßigen Belastung. Entsprechend wichtig ist es, dass Sie bei dem Gedankentext auch Ihr Gefühl mit einbringen.

Den folgenden Text habe ich wörtlich aus dem Buch von Robert Scheinfeld übernommen. Scheinfeld selbst empfiehlt, die Worte „Macht" und „Gott" entsprechend der eigenen Einstellung anzupassen, zum Beispiel durch „Kraft" und „Universum",

Robert Scheinfeld: „Raus aus dem Geldspiel" Seite: 167:

„Ich bin die Macht und die Gegenwart Gottes. Ich habe das hier selbst geschaffen. Es ist gar nicht echt. Es ist alles nur

eine Erfindung. Es ist eine Erfindung meines Bewusstseins. Ich verlange meine Energie zurück, und zwar JETZT"

Dann machen Sie eine kurze Pause und fahren fort: „Ich fordere meine Energie zurück und spüre, wie sie zu mir zurückkommt." *Sie machen abermals eine Pause, um zu spüren, wie die Energie zu Ihnen zurückfließt, wie auch immer sich das anfühlt.* „Ich fühle, wie sie durch mich hindurchfließt." *Wieder eine Pause. Sie empfinden das nach.*

Dann erst sagen Sie: „Ich spüre die Welle Ich spüre, wie ich wachse und wachse und immer mehr zu dem werde, der ich wirklich bin. Ich BIN die Macht und die Gegenwart Gottes."

Fühlen Sie, wie Sie sich für die Grenzenlose Energie öffnen.

Probieren Sie es einfach bei nächster Gelegenheit. Vielleicht reicht meine kurze Einführung nicht aus, dann empfehle ich Ihnen das Taschenbuch von Robert Scheinfeld. Allein für diese Anwendung lohnt sich sein Buch zu lesen. Er beschreibt die einzelnen Schritte sehr ausführlich und gut nachvollziehbar.

Und noch einmal: Es geht hierbei allein um Ihr Gefühl, das Sie belastet, nicht um die Tatsachen, die Sie nicht mehr ändern können. Insofern spielt es auch keine Rolle, ob die Hypothesen von Robert Scheinfeld nun stimmen oder nicht. Betrachten Sie den Vorgang als eine Art von Selbsthypnose, mit der Sie Ihr Gefühl manipulieren können.

Literaturhinweise

Breddermann, Manfred
Arthrose, Gelenkbeschwerden richtig und
wirksam selbst behandeln
BoD-Verlag - ISBN: 9783748101963

Breddermann, Manfred
Fit und frisch im Alter
BoD-Verlag - ISBN: 9783752848632

Breddermann, Manfred
Glauben oder Wissen, Reflexionen zu den Grundlagen unserer
Existenz
BoD-Verlag - ISBN: 9783744837736

Carnegie, Dale
Sorge dich nicht – lebe!
Scherz Verlag

Chopra, Deepak:
Heilung. Körper und Seele in neuer Ganzheit erfahren
Goldmann Verlag – ISBN: 9783442 219889

Coldwell, Leonard
Instinktbasierte Medizin, Wie Sie Ihre Krankheit und Ihren Arzt
überleben
Jim Humble-Verlag – ISBN: 97890887912

Helmel, Heinrich
Blutwell-Übungen, Das ideale Herz- und
Kreislauf-Training
Heinrich Schwab Verlag

Hirt, Josef
Das Ich und das Gesetz von Lust und Unlust
Josef Hirt Verlag

Hollerbach, Lothar
Der Quanten-Code
Ullstein Verlag – ISBN: 9783548745619

Kelder, Peter:
Die fünf „Tibeter". Das alte Geheimnis der Quelle der Jugend
Knaur Verlag – ISBN: 342677654 5

Krishnamurti, Jiddu
Einbruch in die Freiheit
Aquamarin Verlag – ISBN: 3894271000

McTaggart, Lynne
Das Nullpunkt-Feld
Goldmann Verlag – ISBN: 9783442217984

Moone, Taylor
Der Seelen Code
Ingo Simon Verlag – ISBN: 9783943323023

Precht, Richard David
Tiere denken
Goldmann Verlag – ISBN: 9783442314416

Rieger-Krause, Waltraud
Jin Shin Jyutsu, Die Kunst der Selbstheilung
Südwest Verlag – ISBN: 9783517068206

Scheinfeld, Robert
Raus aus dem Geld-Spiel
Rowohlt Verlag – ISBN: 9783499629952

Schlieske, Ingrid
Japanisches Heilströmen, Altes Volkswissen zur Selbsthilfe
Rowoht Verlag – ISBN: 3499620561

Thöns, Matthias
Patient ohne Verfügung
Piper Verlag – ISBN: 9783492057769

Tolle, Eckhart
Jetzt! Die Kraft der Gegenwart
Kamphausen Verl. – ISBN: 9783899013016

Waldeck, Felicitas
Jin Shin Jyutsu, Schnelle Hilfe und Heilung von A-Z durch Auflegen der Hände
Nymphenburger Verlag -ISBN: 3485009091